LA PRIMERA CENA

gan

Dewi Wyn Williams

Hawlfraint y cyhoeddiad: Atebol Cyfyngedig 2017

Adeiladau'r Fagwyr, Llanfihangel Genau'r Glyn, Aberystwyth,
Ceredigion SY24 5AQ

Dyluniwyd gan Ceri Jones

Argraffwyd gan Argraffwyr Cambria

ISBN 9781910574720

Diolch i Dafne Elvira am ganiatâd i atgynhyrchu'r llun ar y clawr cefn.

'Stori tad a mab yw stori pawb.'

'The only thing worse than a boy who hates you: a boy who loves you.'

- Markus Zusak

La Primera Cena (sef parodi o'r Swper Olaf) gan Dafne Elvira

Gair gan yr Awdur

Hoffwn ddiolch i aelodau o Gwmni Theatr Genedlaethol Cymru am gynhyrchu'r ddrama yn Eisteddfod Genedlaethol Meifod, 2015. Rwy'n ddyledus iawn i'r cynhyrchydd, Janet, am ei hymroddiad a'i hegni; i John Glyn, Delyth, Martin a Siân am berfformiadau cofiadwy a'u parch at y gair; i'm ffrind Huw Dylan am ysgrifennu'r englyn; ac i Wasg Atebol am eu cefnogaeth a'u gofal arferol ynglyn â chyhoeddi'r gyfrol hon.

Diolch i John Glyn hefyd am ysgrifennu'r Rhagymadrodd ac am f'atgoffa eto fyth mai fi oedd yn ail yn y 'steddfod 'stalwm!

Dewi Wyn Williams,
Tachwedd 2016

Yr awdur a'i dad

Rhagymadrodd

Y tro cyntaf erioed i mi gyfarfod Dewi Wyn Williams oedd yng nghefn llwyfan Ysgol Uwchradd Thomas Jones, Amlwch ar ddechrau'r Haf yn 1973. Roedd y ddau ohonom wedi cael llwyfan yn Eisteddfod Sir yr Urdd gyda'r adrodd unigol dan bymtheg oed. Y darn dan sylw oedd detholiad allan o nofel E. Tegla Davies, sef *Nedw*. Er yn ddieithr i'n gilydd roedd gan y ddau ohonom lawer iawn yn gyffredin eisoes wrth gwrs. Roedd Dewi a minnau wedi ein magu yng nghefn gwlad Sir Fôn, roedd y ddau ohonom yn ymddiddori mewn pêl-droed ac, erbyn hyn hefyd, y ddau ohonom wedi dechrau cael blas ar ddrama ac ar berfformio. Y prynhawn hwnnw yn Amlwch yn 1973 fi ddaeth i'r brig gyda *Nedw*, a Dewi yn ail. Serch hynny, fe fynnodd Dewi ar hyd ei oes mai ei berfformiad o oedd yn rhagori yn y rhagbrawf. Blynyddoedd maith yn ddiweddarach, er mwyn profi ei honiad, fe anfonodd y feirniadaeth wreiddiol i mi, wedi ei fframio'n daclus. Ac yn wir, yn ôl geiriau'r beirniad, mi roedd o'n well na fi 'yn y rhagbrawf'! Ni allaf ond gobeithio fod ei ddicter, ei siom a'i genfigen wedi eu lleddfu rhyw fymryn o gofio fy mod wedi mynd ymlaen i'r Genedlaethol ym Mhontypridd y flwyddyn honno ac wedi ennill gyda *Nedw* trwy Gymru gyfan!

Mae *La Primera Cena* yn ymdrin â pherthynas tad a mab. Oherwydd hynny, yn naturiol, mae o'n dod ag atgofion i mi o dad y dramodydd ei hun sef yr actor Glyn Williams, Penysarn. Yn ystod f'arddegau cefais gyfle i weld Glyn 'Pensarn' yn perfformio mewn sawl cynhyrchiad yn Theatr Fach, Llangefni. Roedd o'n actor cynhenid, naturiol a'i amseru bob tro yn berffaith. Blynyddoedd yn ddiweddarach, ar ddechrau'r 80au, cefais y fraint o gyd-actio gyda Glyn yn nrama William R. Lewis, sef *Y Gwahoddiad*. Roedd ei wylio wrth ei waith yn wers i mi a'i gwmni ffraeth, direidus yn hudolus. O ystyried un o themâu *La Primera Cena*, sef 'nature versus nurture' mae'n berffaith amlwg i mi fod Dewi wedi etifeddu ffraethineb a dawn geiriau ei dad.

Mae *La Primera Cena* yn cydio'n gryf ar sawl lefel. Mae yma stori gefndirol drist. Mae yma gymeriadau cryf sydd yn amlwg wedi bod yn dioddef ers blynyddoedd. Mae'n rhan o'r natur ddynol i ni fod eisiau gwybod pwy ydan ni. Beth ydy gwreiddiau ein bodolaeth? Yn y ddrama, mae Aric yn benderfynol o ddarganfod y gwir er gwaetha'r ffaith ei fod o'n gorfod codi crachen enfawr, ddolurus i gael at y gwir hwnnw.

Wrth fynd ati i ymarfer a llwyfannu *La Primera Cena* roedd hi'n amhosib i mi, fel actor, osgoi ystyried a gwerthuso fy rhinweddau a fy ffaeleddau fy hun fel mab ac, yn ddiweddarach, fel tad. Hynny yw, a oes ffasiwn beth â pherthynas berffaith rhwng dyn a'i epil? A sut mae'r berthynas honno'n datblygu ac yn newid pan mae'r 'epil' yn tyfu'n oedolyn?

Mae'r ddrama hon yn gofyn cwestiynau mawr a hynny trwy gymeriadau cryf, deialog feistrolgar a strwythuro cywrain. Mi fydd llwyfannu *La Primera Cena* am y tro cyntaf yn y Cwt Drama yn Eisteddfod Meifod yn aros yn y cof tra bydda i.

John Glyn Owen

Tachwedd 2016

Cyflwyno'r Gyfrol

Er cof annwyl am fy nhad a mam gyda diolch am fagwraeth lawn, gyfoethog a'u cariad diamod.

La Primera Cena

Er ei frad, er ei wadu – a dianc
  Yn dawel a chefnu,
   Er y graith mae'i reddf mor gry',
  Erys o hyd i'w garu.

Huw Dylan Jones

Hydref, 2016

Gair am yr Awdur

Ganed Dewi ym Mhenysarn, Sir Fôn, yn fab i'r actor a'r ffermwr Glyn 'Pensarn' a'i wraig Kitty. Cafodd ei addysg gynnar yn Ysgol Gynradd Penysarn ac wedyn yn Ysgol Uwchradd Syr Thomas Jones ,Amlwch, ble'r oedd yn brif ddisgybl. Mynychodd Goleg y Brifysgol Bangor a graddio gydag Anrhydedd mewn Cymraeg a Drama. Ymunodd â'r BBC yn 1980 dan arweiniad Gwenlyn Parry – yn un o'r 'mwyar duon' chwedl Gwenlyn, 'pob un yn handpicked!' Bu'n gweithio'n bennaf ar *Pobol y Cwm* fel awdur ac fel un o'r tîm golygyddol a ddatblygodd y gyfres o 32 i 250 o

Dewi Wyn Williams

benodau'r flwyddyn. Yn 1996, gadawodd y BBC fel Pennaeth yr Adran Sgriptiau ac ymuno ag S4C fel Ymgynghorydd Sgriptiau, a bu yno am dros bymtheg mlynedd cyn gadael i fod yn awdur llawn amser. Mae o hefyd yn aelod cyson o sawl rheithgor Drama rhyngwladol gan gynnwys yr Emmys yn Efrog Newydd.

Yn ogystal ag ysgrifennu i nifer o gyfresi teledu a radio mae ei waith yn cynnwys *Marathon*, y ddrama deledu sengl gyntaf ar S4C; y dramâu llwyfan *Yr Etifedd, Rhyw Ddyn a Rhyw Ddynes, Leni, Fi, Chi a'r Ci* (addasiad o *The Curious Incident of the Dog in the Night Time*), *Hari a Bari, Cowbois Rhyl* (addasiad o *The Dumb Waiter*) a'r ffilm *Lois*.

Perfformiwyd y ddrama hon gyntaf yn Eisteddfod Genedlaethol Meifod ar 3ydd Awst, 2015 a'r rhai a ganlyn yn cymryd rhan:

Brian Ellis: John Glyn Owen

Hera Muir: Delyth Wyn

Aric Ellis: Martin Thomas

Stela Thomas: Siân Beca

Cyfarwyddwr: Janet Aethwy

Cymeriadau

Brian Ellis – 54 oed, cyn-weithiwr mewn banc.

Hera Muir – 57 oed, ei gymar.

Aric Ellis – 34 oed, mab Brian, mynyddwr.

Stela Thomas – 33 oed, cariad Aric, nyrs seiciatryddol.

Set

Minimalistig. Mae'r ddrama'n digwydd ar wahanol lefelau sy'n awgrymu prif ystafell fyw a mannau ymylol eraill. Yn ganolog ar y llwyfan – ac i'r chwarae – mae bwrdd bwyd cain, nid rhy annhebyg i'r un a welir yn y llun traddodiadol o'r 'Swper Olaf' gan Leonardo da Vinci. Defnyddir y bwrdd fel canol llonydd i'r holl ddigwydd.

Mae fframiau dwy ffenestr yn crogi bob ochor i'r llwyfan. Yn gefnlen, trwy'r ffenestri, gellir taflunio ffotograffau, ffilm, fideo ac effeithiau gweledol eraill pan mae hynny'n briodol ac yn addas.

Nid yw'r actorion yn gadael y llwyfan trwy gydol y ddrama. Ar adegau, maen nhw hefyd yn ymwybodol o'i gilydd er nad ydynt yn rhannu'r olygfa. Gellir rhewi'r digwydd a'r cymeriadau.

Amser: *presennol*

La Primera Cena

Llwyfan tywyll heblaw am y llun La Primera Cena *gan Dafne Elvira yn gefnlen. Mae bwrdd bwyd yn ganolog gyda phedair cadair o'i gwmpas ac wedi ei osod i ddau.*

Wrth godi'r golau'n raddol ar Aric yn syllu trwy un ffenestr a Brian trwy'r ffenestr arall, cynyddir sŵn cymysg o ruthr gwyllt afon a synau traed a gwich llygod mawr. Mae Brian yn ymwybodol o'r synau gydag ofn yn ei lygaid. Nid yw Aric yn ymateb i'r synau. Daw sŵn gwich y llygod i uchafbwynt hunllefus cyn stopio'n ddisymwth.

Clywir sŵn glaw trwm tu allan. Mae Brian ac Aric wedi eu rhannu gan y bwrdd.

ARIC: (*Yn troi at Brian*) Stori. 'Dwi isho clywed y stori.

Nid yw Brian yn ymateb. Mae'n anwesu ei wydr wisgi. Trwy gydol y ddrama nid yw'r gwydr wisgi'n bell o'i law.

ARIC: (*Yn gorchymyn*) 'Dwi isio clywed diwedd y stori!

Mae Brian fel petai'n magu hyder i'w hadrodd ac yn troi i'w wynebu.

BRIAN: Ac ar ôl iddi syrthio i gysgu mi ddaeth Dadi Arth…
                         (*Cywiro*)… yr *eirth* adra'. 'Ma' rhywun 'di byta'n uwd i!'
                         meddai Dadi Arth. 'A f' un inna'!' meddai Mami Arth.

ARIC: 'Ma' rhywun 'di byta'n uwd i i gyd!' gwaeddodd Babi
                         Arth.

Mae Brian yn edrych ar gadair o amgylch y bwrdd.

BRIAN: 'Ma' rhywun 'di bod yn ista'n 'y nghadair i,' meddai Dadi Arth. 'A f' un inna'!' meddai Mami Arth.

ARIC: 'Ma rhywun 'di malu 'nghadair i!' gwaeddodd Babi Arth... (*yn tristáu*) gan ddechrau crio.

BRIAN: (*Ei lais yn gwanio*) Ac wedyn mi a'th Dadi Arth... (*yn ychwanegu*) a Mami a Babi Arth... i fyny grisia'. 'Ma' rhywun 'di bod yn cysgu'n 'y ngwely i!' meddai Dadi Arth. 'A 'ngwely inna' 'fyd!' meddai Mami Arth.

ARIC: Pam 'dydi Dadi a Mami Arth ddim yn cysgu efo'i gilydd?

Mae Brian yn oedi cyn dewis anwybyddu Aric.

BRIAN: 'Ma' rhywun yn cysgu'n 'y ngwely i!' gwaeddodd Babi Arth ar dop 'i lais. Ac yna, mi ddeffrodd Goldilocs... a sylweddoli be' o'dd wedi digwydd... a mi sgrechiodd 'Help!' cyn rhedeg o'r 'stafell wely, mynd lawr y grisia', syth drwy'r drws a'i heglu hi nerth 'i dra-... (*Cywiro*) nerth 'i thraed i'r coed a... (*Yn bell, drist*) a ddo'th hi byth yn ôl.

Mae Aric yn edrych i'w gyfeiriad.

Aric: (*Yn chwerw*) Ddo'th 'o' byth yn ôl... fo!

Mae Brian yn troi i edrych yn euog ar Aric. Rhewi Brian.

Mae Aric yn cyfarch y gynulleidfa gan daflu ambell edrychiad arwyddocaol i gyfeiriad Brian.

ARIC: Mae gan bawb ei stori. Un sy'n cuddio'n y corff, yn fyw'n yr esgyrn, yn berwi'n y gwaed. Dim ots pa mor wag, diystyr a diflas yw ein bywydau bob dydd, mae gynnon i gyd ein stori bersonol, hunangofiant sy'n llawn angerddau operatig fel colled, cariad, casineb... comedi, trasedi, llwyddiant... (*Mae'n edrych i gyfeiriad Brian*)... methiant... a mae'n ddigon naturiol a dealladwy bod rhywun – ar adegau arbennig yn ei fywyd – isio adrodd ei stori i'r byd – dweud fel yr oedd hi, fel y mae hi, a fel y bydd hi. (*Gwenu wrtho'i hunan*) 'R unig broblem wrth ddeud 'ych stori 'ych hun, wrth gwrs, yw mai chi yw'r arwr, yr un efo'r het wen. (*Saib. Yna i gyfeiriad Brian*) A'r hyn mae rhywun yn chwilio amdano mewn stori – boed hi'n stori rhywun arall neu'n stori o'i hun – yw'r gwirionedd... (*Yn chwerw*)... neu o leia' y peth agosa' posib at y gwirionedd. Ac i ddweud stori dwt mae'n rhaid ei dweud yn flêr achos blerwch yw bywyd. 'Does dim patrwm pendant, dim llifeiriant naturiol gydag un peth yn arwain at y llall yn gronolegol berffaith – 'm ond casgliad o brofiadau digyswllt sydd, o'u taflu at ei gilydd, yn gwneud rhyw lun o synnwyr.

Saib. Mae'n edrych yn herfeiddiol ar Brian.

ARIC: Ond mae'n rhaid i'r stori ddod i ben. Rhaid canfod y gwir.

Rhewi Aric.

Dadrewi Brian a Hera. Mae'n cau'r ffenestr yn ofalus wrth i Hera ymddangos ac anelu'n syth at y botel fodca. Mae hithau hefyd yn hoff o ddiferyn.

HERA: (*Yn llifeiriol*) Ma' nhw dala 'ma! Dala 'ma, yn bla! Yn blydi bla! Ond wedes i ddigon, on'd dofe? E? Wedes i 'thot ti taw fel hyn bydde hi rhyw ddiwrnod achos 'na beth sy'n digwydd pan ti'n whalu cartre' nhw, t'wel. Ma'r bastards bach brwnt yn dod i dy gartre di – yn y welydd, dan y llorie, uwch 'yn penne – cerdded, rhedeg, byta, cnoi, cachu'n bob twll a chornel, strwa bywyd rhywun. Rhyw ddiwrnod, byddwn ni'n ishte rownd y ford 'na a 'na ble fyddan nhw, yn 'u tylle'n y t'wyllwch, yn gwrando, specan, bysnesan. (*Yn rhybuddio*) Ac os nei di 'u cornelu nhw, 'newn nhw 'mosod. Mynd tu mewn i dy drowser, lan dy go's a dechre cnoi dy geillie di... so nhw'n ofan dim! Hanner cyfle a 'newn nhw dy fyta di'n fyw – yn araf, darn wrth ddarn – gloddesta ar dy wyneb di... dechre 'da'r trwyn, wedyn y glust, y llygaid... nes bo dim ar ôl 'blaw penglog gwag! 'Gyd achos bo ti wedi whalu catre nhw a...

BRIAN: (*Ar draws*) Allwn ni brynu cath!

HERA: (*Yn anghrediniol*) Beth wedest ti?

BRIAN: (*Yn bwyllog*) Cath. Allwn ni brynu cath.

HERA: Wy'n casáu cathod.

BRIAN: Gosod trap.

HERA: Sdim byd gwa'th na gwynt pisho cath.

BRIAN: Ne' wenwyn – mi brynwn ni fwy o wenwyn. Un cryfach. Digon i ladd ceffyl. Dylia hynny ga'l gwared ohonyn nhw.

HERA: Ac os *na* neith e?

BRIAN: (*Saib, cyn troi ati*) Mi fyddan nhw yma i aros, Hera. Bydd raid i ni 'i croesawu nhw, dod i'w nabod, dysgu cyd-fyw 'da nhw. Dyna fydd raid i ni neud.

Mae Hera'n syllu arno gydag ofn yn ei llygaid, yn gwybod beth mae Brian yn awgrymu, cyn llowcio'i diod ar ei ben.

Rhewi Brian a Hera. Dadrewi Aric a Stela.

Mae Stela yn byseddu iPad, yn siopa ar y We, ac mae Aric yn syllu trwy'r ffenestr.

STELA: O'dd pobol y pentre'n arfer galw'n fam i'n 'geranium' achos o'dd hi wastod yn y ffenest. Bysnesan o'dd 'i hesgus hi, beth yw un ti?

ARIC: (*Troi ati*) Mm?

STELA: Ti 'di bo'n edrych trwy'r ffenest 'na trw'r bore. Dishgwl rhywun?

ARIC: Neb arbennig.

STELA: Ma' nhw'n gweud 'i bod hi'n mynd i bisho lawr weddill yr wthnos. Sa i'n cofio glaw fel hyn, wyt ti?

Mae Aric yn troi i giledrych arni.

STELA: Tridie'n ddi-stop. Siŵr bo'r afon yn uchel?

ARIC: (*Yn pensynnu*) Gorlifo.

STELA: (*Ar yr iPad*) Pwy un ti moyn – coconyt ne' 'peach'?

Dim ateb.

STELA: Odw i'n siarad 'da'n hunan man hyn?

ARIC:	Be'?
STELA:	Iogyrt. Coconyt ne' 'peach', pwy un ti moyn?
ARIC:	(*Yn ddi-hid*) Dewisia di.
STELA:	Wa'th iti weud ddim achos ma'...
ARIC:	(*Yn ddiamynedd*) Dewisia di! Pam fod angen pwyllgor?
STELA:	'M ond meddwl 'sen i'n gofyn... o'n i'm yn sylweddoli bo hi'r amser o'r mish!
ARIC:	(*Ochenaid dawel*) Amser o'r flwyddyn. (*Saib*) Ti'n gwbod pa ddiwrnod ydy hi?
STELA:	Dydd Sul ddo'wedyn ma' 'ddi'n ddydd Llun heddi, trwy'r dydd.
ARIC:	(*Yn ddwys*) Deg mlynedd ar hugian. Union. I heddiw.

Mae gwedd ysgafn Stela'n newid yn syth wrth iddi sylweddoli arwyddocâd y dyddiad.

STELA:	(*Yn dawel, gydymdeimladol*) Alla i ddim dechre dyall, Aric.
ARIC:	(*Yn garedig*) Na. Alli di ddim.

Mae Aric yn camu at un ochr o'r bwrdd ac yn syllu ar Brian sydd ar y pen arall, yn syllu'n ôl.

Rhewi Aric a Stela. Dadrewi Brian a Hera.

HERA:	(*Yn ofidus*) Na'th e ffono?

BRIAN: Do.

HERA: A gest di sgwrs 'da fe?

BRIAN: Fawr o 'sgwrs'. Mwy o holi ac ateb.

HERA: Pryd?

BRIAN: Wsnos ddiwetha'.

HERA: Pryd yn gwmws wthnos ddiwetha'?

BRIAN: 'Dwi'm yn cofio. Dydd Mawrth, Mercher?

HERA: (*Oedi i feddwl*) Tro cynta' 'ddo fe ffono?

BRIAN: (*Ysgwyd ei ben*) Tro cynta' i mi ateb. Mae o wedi bod
            yn ffonio ers wsnosa'.

HERA: Wthnose?

BRIAN: (*Twtsh yn euog*) Yndi.

HERA: (*Yn meddwl, yna gosodiad*) 'R holl alwade ffôn 'na, a
            neb yn gweud dim.

BRIAN: Mae'n debyg.

HERA: (*Yn amheus*) Wyt ti'n siŵr taw fe yw e? Alle fe fod yn
            unrhyw un.

BRIAN: Nabod 'i lais o.

HERA: Shwt yffarn ti'n nabod 'i laish e?

BRIAN:	'R un llais â... (*yn cael trafferth yngan y gair*)... nhad. 'R un dôn. 'R un curiad.

Saib. Yna mae Hera'n ystyried.

HERA:	Wthnos ddiwetha'?
BRIAN:	(*Yn rhagweld ei hymateb*) Ia.
HERA:	A nawr ti'n gweud 'tho i?

Nid yw Brian yn ateb.

HERA:	Nest ti ddewish pido gweud 'tho i.
BRIAN:	(*Yn dawel*) Do.
HERA:	(*Yn pwysleisio*) Dewish!
BRIAN:	(*Yn amddiffynnol*) Mater personol o'dd o... ydy o.
HERA:	Rhy 'bersonol' i'w rannu 'da fi, dy...?
BRIAN:	Oedd, Hera!
HERA:	So ti'n meddwl bo fi'n haeddu gwell, tym' bach mwy o barch?
BRIAN:	'Dwi yn dy barchu di.
HERA:	Trwy 'ngadel i mas o benderfyniad alle newid 'mywyd i... na, nage 'newid', ond strwa 'mywyd i – bywyde'r ddou o' ni – 'na shwt w't ti'n dangos parch, ife?
BRIAN:	O'n i'n gwbod mai fel hyn byddet ti'n ymateb!

HERA:	O't ! A ti'n gwbod shwt o't ti'n 'gwbod'? Achos ni 'di trafod y peth, 'geinie o weithie, hyd at syrffed, a wedi cytuno 'dan gily' – bob tro – taw gadel pethe fod fydde ore!
BRIAN:	(*Saib, yna*) Alla' i ddim 'i gario fo tu mewn i mi am byth.

Rhewi Brian a Hera. Dadrewi Aric a Stela.

ARIC:	Alla' i ddim ei gario fo tu mewn i mi am byth.
STELA:	Ma' 'i gasáu e'n dy fyta di.
ARIC:	Yn fyw.
STELA:	Ond fe gest di hyder i ffono.
ARIC:	(*Saib*) Ro'dd 'yn nwylo i'n crynu fel deilen. Prin o'n i'n medru deialu ond o'n i'n gwbod ei fod o'n rhywbeth o'dd rhaid i mi neud.

Dadrewi Brian. Mae'r ffôn yn nhŷ Brian yn canu saith gwaith yn ystod y canlynol wrth iddo ystyried ac oedi cyn ei ateb.

ARIC:	Mi ganodd y ffôn saith gwaith. Mi gyfrish. O'n i'm yn meddwl bod neb adra', a'r eiliad honno'n gobeithio hynny achos mi fyddai'n ryddhad, meddwl 'do'dd dim rhaid i mi ei gyfarch. Ro'n i ar fin roi'r ffôn lawr pan glywish 'i lais o. Llais tawel, gwylaidd, cynnes ond cadarn.
BRIAN:	(*Yn codi'r ffôn*) Helo?
ARIC:	Ar eiliada' fel'na ma' bywyd yn troi'n ystrydeb achos 'do'n i'm yn gwbod be' i' ddeud. Oria' ac oria' o 'marfer

sut i 'mateb i bob brawddeg – i dreio gwneud pethau'n haws – wedi mynd yn wastraff llwyr. 'Ngheg i'n sych grimp, 'nhafod 'di pharlysu.

BRIAN: Helo?

ARIC: Y gair bach mawr. 'Do'n i 'rioed wedi medru rhoi gwyneb iddo, dim ond wedi dychmygu a oedd o'n dal, yn fyr, yn dew, yn dena'.

BRIAN: Pwy sy' 'na?

ARIC: Ac os o'dd 'na un cwestiwn 'do'n i ddim yn ei ddisgwyl, ddim wedi ei baratoi ar ei gyfer, yr un amlyca' o'dd hwnnw. Mi ofynnodd eto.

BRIAN: (*Yn ddiamynedd*) Pwy sy' na?

ARIC: (*Saib byr*) 'Fi. Fi sy' 'ma'.

Am ennyd, mae Brian yn ystyried rhoi'r ffôn lawr, ond yn penderfynu peidio.

STELA: Wedest ti mo d'enw?

ARIC: Efo rhai, 'does dim rhaid.

STELA: Galle fe fod wedi rhoi'r ffôn lawr.

Dadrewi Hera.

HERA: (*Wrth Brian*) Dylet ti fod wedi rhoi'r ffôn lawr!

ARIC: O'n i'n meddwl ei fod o achos ro'dd 'na saib hir, boenus o hir. 'Helo? (Saib) 'Dach chi dal yna?'

HERA: (*Wrth Brian*)   A beth wedest di?

ARIC:	Ac yna mi ddeudodd y geiria' o'n i wedi bod isho'u clywed erioed.
BRIAN:	Mi fydda i wastad yma.
ARIC:	(*Chwerthiniad sur)* 'Wastad'?
HERA:	(*Wrth Brian, yn sarhaus)* Wedest ti *'nna* 'tho fe?
ARIC:	'Wastad?' Sut alla' fo – *fo* o bawb – ddeud hynny?
HERA:	(*Wrth Brian)* Shwt allet ti?
ARIC:	A felly wnes i ddeud, ar 'i ben, 'Dwi ishio'ch cyfarfod chi.'
HERA:	(*Wrth Brian)* Gwed 'tho i bo ti wedi gwrthod.
ARIC:	Bron na allwn i glywed o'n llyncu'n galed, ei geg o bellach yn sych grimp.
BRIAN:	Pryd?
HERA:	Gwed 'tho i!
ARIC:	'Pan 'dach chi'n barod.'
STELA:	'*Chi*'. Parch?
ARIC:	(*Cywiro)* Cyfnod.

Mae Hera'n ymdawelu ac yn erfyn.

HERA:	Bydd e'n stopo'r ddawns, Brian, ein dawns *ni*. Paid gweud bo ti wedi...

23

ARIC:	Cyn rhoi cyfeiriad, dyddiad ac amser i mi.
HERA:	(*Wrth Brian*) Ti wedi wahodd e i'n tŷ ni? I ishte o amgylch 'n bord ni?
ARIC:	Wedyn mi ddeudish gelwydd. 'Dwi'n edrach 'mlaen.'
HERA:	'Edrych 'mlan?' O'dd o'n gweud celw'dd.
ARIC:	Ac er bod ansicrwydd amlwg yn 'i lais mi ddeudodd gelwydd yn ôl.
BRIAN:	A finna'.
HERA:	Brian?

Rhewi Hera a Brian.

Mae Aric yn cerdded yn araf o gwmpas y bwrdd bwyd gan rwbio'i fysedd ar hyd y graen. Mae Stela'n sylwi bod Aric mewn cyfyng-gyngor ynglŷn â'i benderfyniad i gysylltu.

STELA:	Ond ma' rhaid iti fynd!
ARIC:	Sdim rhaid neud dim!
STELA:	Ti drefnodd!
ARIC:	Sylweddoli hynny, Stela.
STELA:	Cymryd blynydde i neud penderfyniad, i gymryd un o game mwya' dy fywyd, a nawr ca'l tra'd oer.

Mae Stela'n gosod llaw Aric ar ei bol.

| STELA: | Nawr, o bob amser. |

Ni all Aric amddiffyn ei lusgo tin.

STELA: Sdim poen fel poen edifar. A difaru nei di.

ARIC: (*Yn rhethregol*) Difaru peidio mynd, 'ta difaru mynd?

STELA: 'Falle bo ti ddim ishie clywed y gwir ond ti moyn 'i wbod e. Ma' 'dat ti hawl i wbod beth ddigwyddodd a ma' 'da fe hawl i wbod beth sy'n mynd i ddigwydd. Alli di ddim 'i adel e lawr.

ARIC: (*Teimlo'r eironi*) Fi, yn 'i adael o lawr?

STELA: Rhyw ddiwrnod bydd rhywun yn gofyn o ble'n gwmws da'th e, ne' hi, a byddi di'n ffaelu rhoi ateb. Gwell gwybod y gwaetha', Aric, na ddim gwybod o gwbwl. (*Curiad*) Alli di ddim 'i anwybyddu e. Ma' fe'n bod. Ti yn bod.

ARIC: Ma' gin i ofn.

STELA: Ofn beth ffindi di.

ARIC: Ofn be' ddudith o, a be' ddeuda i.

STELA: Ca'l d' wrthod.

ARIC: A'r ofn mwya' un. Ofn be' wna i iddo fo.

Rhewi Aric a Stela. Dadrewi Brian a Hera. Mae hi'n chwilio am gysur yn y botel fodca.

HERA: Alla' i'm credu bo ti 'di neud hyn!

BRIAN: (*Yn ailadrodd*) 'Do'dd gin i'm dewis!

HERA:	Wrth gwrs bo 'da ti ddewis! Allet ti fod wedi 'dewis' gwrthod!
BRIAN:	'Do'dd gwrthod ddim yn hawdd.
HERA:	Nag o'dd, yn enwedig pan s'da ti ddim asgwrn cefen!
BRIAN:	Tria ddallt! Ro'dd hi'n amhosib i mi...
HERA:	(*Yn wfftio*) Amhosib...
BRIAN:	Mi nesh i 'ngora' dan yr amgylchiada'.
HERA:	(*Yn sarhaus*) O, do, do wrth gwrs nest ti – mi nest ti d'ore a fe ffaelest di! Achos dyna dy hanes di 'rioed, on'd dyfe – ffaelu! Wy'n byw 'da methiant! (*Ailfeddw*l) Na, na, ti'n waeth na methiant! Ma' methiant yn llwyddiant o gymharu 'da ti!
BRIAN:	(*Eiliad o ymbwyllo*) 'R unig beth 'dwi'n dreio'i neud, Hera, ydy...
HERA:	Gadel i rywun ddod rhyngton ni.
BRIAN:	Naci!
HERA:	Er 'yn bod ni 'di cytuno na fydde hynny ddim yn digwydd – byth – hyd yr anal ola'!
BRIAN:	Ddaw 'na neb rhyngton ni!
HERA:	Dim hyd 'n oed fe?
BRIAN:	(*Ceisio cuddio'i ansicrwydd*) Dim hyd 'n oed... (*Mae'n methu gorffen y frawddeg*)

HERA: (*Yn dawel, heriol*) A ti'n galler addo hynny i mi, wyt ti...
                         i ni?

Nid yw Brian yn gallu ateb ei chwestiwn.

HERA: (*Yn ceisio rhesymegu*) Sa i'n folon bod yn gynffon
                         rhyngto dwy goes.

BRIAN: Alla i'm rhoi gorau i'w garu o.

HERA: Ond fe alli di roi gore i 'ngharu i?

Mae Brian yn edrych arni, yn rhy onest i fentro ateb.

BRIAN: Mae o'n gyfle i mi agor drws.

HERA: Un nest ti ddewis 'i gau flynydde'n ôl.

BRIAN: Hollol!

HERA: 'Dewis' a 'cau', Brian! Cau! Wedyn beth yffach yw'r
                         pwynt? Ma' 'da'r ddou o' chi fywyde ishws, ma' 'da
                         ni'n bywyde nawr!

Saib. Mae Brian yn dwys ystyried ei geiriau.

HERA: Mae'n bosib byddwch chi'ch dou'n dod 'mlan, creu
                         perthynas fach deidi, popeth yn gwd, popan y
                         siampén.

BRIAN: 'Falla bydd o'n 'nghasáu i.

HERA: Gwmws! A ble ei di wedi 'nny, Brian? E? I ble nei di
                         redeg tro nesa'?

Mae hyn yn siglo Brian cyn i Hera fanteisio ar ei ansicrwydd.

HERA:	A be' ddigwyddith os newidith e'i feddwl funed ola', canu'r gloch ond dewis peido dod trwy'r drws 'na!
BRIAN:	Ddewis o fydd hynny.
HERA:	Ne' beth os daw e miwn man hyn ond gwrthod aros, jest troi ar 'i sawdwl a chau'r drws yn glep yn dy wyneb di!

Mae Brian yn oedi i feddwl am y sefyllfa.

HERA:	A'n wa'th na dim, beth os arhosith e, parco'i din wrth y ford hyn a dechre holi cwestiyne.
BRIAN:	(*Yn ansicr*) Geith atebion.
HERA:	(*Yn sarhaus*) Atebion? Beth wedi di pan ofynnith e pam o't ti ddim 'na 'ddo fe, a pam o'dd dim ots 'dat ti? Beth wedi di 'tho fe? Y gwir?
BRIAN:	(*Heb argyhoeddiad*) Mi fydda i'n onast efo fo.
HERA:	Fyddi di? Fyddi di, Brian? Ti'n siŵr o 'nny?

Mae Brian yn oedi, yn methu ateb.

Rhewi Brian a Hera. Dadrewi Aric a Stela.

STELA:	Bydd e'n berson gwahanol.
ARIC:	Ond ddim gwell. 'R unig beth neith o ydy rhyddhau poen a chasineb.
STELA:	Poen a chasineb sydd angen 'i ryddhau. 'Falle gei di'm cyfle arall. Fydd e ddim 'ma am byth.

ARIC:	Tydi o 'rioed wedi bod yma!
STELA:	Ti wedi teithio trw' dy fywyd. Ond dy daith bwysica' fydd cwrdda hanner ffordd. (*Yn bendant*) Ti'n neud y peth iawn.
ARIC:	Ydw i?
STELA:	(*Yn llai pendant*) Wyt.
ARIC:	Ond iawn i bwy, Stela? (*Saib*) A pam dyliwn i fynd ato fo? Pam na ddaw o ata' i?
STELA:	Achos wrth fynd ato fe ti'n rhoi dy hunan mewn sefyllfa gryfach. Dy benderfyniad di yw e – ti'n 'i neud e er dy les di, nage fe. (*Yn gydymdeimladol*) Y ddou ddiwrnod pwysica' ym mywyd rhywun, Aric, yw'r diwrnod ti'n cael d'eni a'r diwrnod ti'n ffindo mas pam gest ti d' eni.

Rhewi Aric a Stela. Dadrewi Brian a Hera.

HERA:	Deg mlynedd ar hugen. Ti'n mynd i gwrdda dyn, Brian – dyn yn 'i oed a'i amser. (*Yn syml*) Ti'n byw 'da fi, wy'n byw 'dat ti, ni'n byw 'da'n gily' – ni'n hunain, jest y ddou o' ni.
BRIAN:	(*Yn egluro*) 'Doeddan ni 'rioed 'yn hunain, Hera – ddim go iawn!
HERA:	(*Yn ymbil*) Plis... plis paid gadel 'ddo fe ishte 'tho'r ford hyn. Paid gadel 'ddo fe strwa'r ddawns, y ddawns ola'.

Mae Brian yn ystyried ei chais wrth i Hera eistedd wrth y bwrdd.

Rhewi Brian a Hera. Dadrewi Aric a Stela.

STELA:	Beth ti am ofyn 'tho fe? 'Blaw'r amlwg.
ARIC:	Y dibwys bellach. O'dd o'n meddwl amdana i... pen-blwydd, 'Dolig. O'dd o'n 'y ngholli i, o'dd o 'di anghofio amdana' i? (*Egluro*) Y 'ddim yn gwbod' – dyna o'dd y peth gwaetha'.
STELA:	Rho gyfle 'ddo fe.
ARIC:	(*Yn sarhaus*) Cyfle? Be' ti'n awgrymu, Stela? 'Mod i'n deud pa mor falch 'dwi ohono fo, 'mod i'n 'i garu o? Garu o am bwy ydy o, nid am be' na'th o? (*Ochenaid*) Meddwl weithia' y bydda'n haws imi jest mynd yno efo gwn a'i ffycin saethu o! Ne' gyllell. O leia' wedyn fydda dim angen ysgwyd llaw, dim sgwrsio chwithig, dim seibia' hir jyst 'Hai! 'Nghofio fi?' (*Ystumio trywanu*) Am tro cynta' yn 'y mywyd 'dwi'n dallt sut ma' pobol yn medru mwrdro... a pam.
STELA:	Dicon hawdd bo'n gas; bo'n garedig yw'r gamp. Estyn dy law. Cynnig maddeuant.
ARIC:	Maddeuant?

Dadrewi Hera.

HERA:	Beth ma' fe am neud iti, Brian?

Mae Brian yn edrych i gyfeiriad Aric.

HERA:	Dangos 'bach o gydymdeimlad... o gariad? Sa i'n credu 'nny rhwffor', wyt ti? Ma' fe'n neud hyn am resyme hunanol.
BRIAN:	(*Yn sarhaus*) Be' ti'n wybod am 'hunanol'?

HERA: (*Yn anwybyddu*) Sdim ots 'da fe 'bytu ti o gwbwl! Ma' fe'n dod 'ma i ga'l gwared o'i boen a'i rwystredigeth.

BRIAN: Poen a rhwystredigaeth o'm hachos i!

HERA: Ond beth ma' fe moyn? Mm? Beth ma' fe wirioneddol moyn? 'Na beth dylet ti ofyn i d' hunan!

Saib byr wrth i Brian ystyried y goblygiadau cyn...

BRIAN: Mae o'n dwad i'r tŷ 'ma,Hera. Ac mi fydd 'na le iddo fo o gwmpas y bwrdd 'ma.

HERA: (*Yn derfynol, heriol*) 'Bwrdd' i ddou, 'te!

Rhewi Hera. Mae Brian yn mynd i edrych trwy'r ffenestr.

STELA: O't ti'n nerfus?

ARIC: Teimlo fel 'swn i'n heneiddio bob cam at y drws ffrynt.

Mae Brian yn sefyll gyda'i gefn at y drws gyda wisgi'n ei law. Daw Aric i mewn.

ARIC: Mi gerddish i mewn fel 'swn i'n cerdded ar wya'. Galon yn curo'n drwm a'r gwaed yn berwi. Sylwish ar un peth yn syth – bwrdd bwyd, wedi'i osod i ddau, cyn edrych i gyfeiriad y ffenestr a dyna lle'r o'dd o, yn sefyll yn union fel o'n i'n disgwyl iddo sefyll, gyda'i gefn tuag ata' i. O'n i'n meddwl y baswn i'n cyffroi, ond wnes i ddim. Achos 'r eiliad honno ro'n i'n 'i gasáu o, fwy nag erioed, gyda chas perffaith. O'n i ishio rhedeg ato, rhoi 'nwy law rownd 'i wddw'... a'i dagu. (*Mae'n ciledrych ar y gyllell fara*) Ond allwn i ddim. Yng nghanol saib byr... hir o fyr... ro'n i wedi'n sodro i'r llawr, yn disgwyl iddo droi rownd a dweud brawddeg unigryw a chofiadwy – wedi'r cwbwl ro'dd o wedi cael dros ddeg mlynedd ar hugain i feddwl am un! (*Yn sarhaus*) Ac am unwaith, un waith yn 'i fywyd, 'na'th o ddim 'yn siomi.

BRIAN: Gest ti le i barcio?

ARIC: (*Yn angrediniol*) Ges i le i barcio?

BRIAN: Ia.

ARIC: (*Saib*) Do.

BRIAN: (*Yn eironig*) Anodd ffendio lle weithia', 'tydi? Rhywun yn gorfod treulio'i oes yn chwilio.

ARIC: Yndi.

Mae Brian yn troi i'w wynebu ac yn syllu arno fel petai'n ei asesu.

BRIAN: (*Gyda gwên*) Ti'n ddyn delach nag o'n i'n ddisgwl. Plant del yn aml yn oedolion hyll. Nid 'mod i'n disgwl rhywun hyll – plaen, e'lla'. Er 'dwi 'rioed wedi dallt yn iawn be' 'di'r gwahaniaeth rhwng 'hyll' a 'plaen', wyt ti? Cofio merch yn deud 'tha i unwaith, "*Dwyt ti ddim yn hyll, Brian, plaen w't ti!*' (*Gwenu*) Ddim yn siŵr hyd heddiw be' o'dd hi'n dreio'i ddeud 'tha i. (*Llowcio'i wisgi*)

Dim ymateb gan Aric i'w fân-siarad dibwrpas. Mae Brian yn ei ailasesu.

BRIAN: Ti ddim mor dal ag o'n i'n ddisgwl, 'chwaith. Biti, achos fydda i byth yn trystio dyn efo coesa' byr – 'i frên o rhy agos i'w din.

Saib byr. Mae gwedd Brian yn dwysáu.

BRIAN: (*Ei gyfarch*) Aric.

Mae Brian yn cynnig ei law yn bwyllog i Aric.

Rhewi Brian. Dadrewi Stela wrth i Aric edrych ar Brian cyn ei amgylchynu fel aderyn ysglyfaethus.

ARIC: (*Wrth Stela*) 'Sgin ti'm syniad pa mor therapiwtig o'dd sefyll o'i flaen, yn syllu i'w lygaid.

STELA: O'dd e'n debyg i'r hyn o't ti'n ddishgwl?

ARIC: Ar hyd 'y mywyd ro'dd gen i ddau lun ohono'n fy meddwl. Y tal, golygus, athletaidd gyda dannedd perffaith, yr arwr ym mhob llyfr a chomic, yr un o'dd yn achub y byd ym mhum munud ola'r ffilm... a'r un byr, boliog, moel efo atal dweud, yr un tu ôl i'r bar mewn *westerns*. Ond y realiti o'dd hwn. Ro'dd o mor gyffredin, ro'dd o'n codi ofn arna' i... ne' gywilydd.

Dadrewi Brian.

BRIAN: Brian.

Rhewi Brian. Wrth ymestyn yn araf tuag at law Brian, mae llaw Aric yn cau'n ddwrn.

ARIC: Ro'dd hi'n amhosib ysgwyd llaw efo dwrn.

STELA: 'Shgwla ar 'i ddwylo. Dwylo'n gweud cyfrole.

ARIC: (*Yn astudio dwylo Brian*) Od o gyfarwydd. Ychydig yn welw ond gydag ôl lliw haul ac ambell sbotyn brown sy'n ymddangos ag amser. Y bysedd ychydig yn gam a'r ewinedd yn lân, wedi'u torri. Dwylo canu piano, yn cael eu golchi ganwaith y dydd. Dwylo del, yn groen eifori dan grys gwyn. Mi ddychmygish y dwylo yma'n cario ffwtbol, yn gwasgu pelen eira, yn cnocio hoelen i ddarn o bren wrth greu go-cart, yn dysgu plentyn sut i gau carrai'i esgid. Ond yr eiliad honno, dwylo budur o'dd y dwylo glân. A'r drasiedi fwya' o'dd y ffaith 'mod i'n teimlo dim.

Dadrewi Brian. Nid yw Aric yn derbyn ei law ac mae eiliad annifyr cyn i Brian fynd ati i baratoi wisgi arall iddo'i hunan.

BRIAN: Wisgi! O'n i'n 'i gasáu o pan o'n i'n ifanc – flas o, ogla' fo – tan ges i swp o annwyd a cholli blas ac ogla'. A mam, un 'na'th 'rioed d'wyllu tŷ tafarn, yn awgrymu 'mod i'n cymryd dioch i'w wella. Mi nesh, a do, mi wellodd! Wedi bod yn 'i yfed o bob dydd ers hynny, dda i deneuo'r gwaed, mwytho'r galon meddan nhw – a chadw'r annwyd ffwr'! (*Dangos y botel*) Gymi di lymaid?

ARIC: Am un ar ddeg yn bore?!

BRIAN: (*Yn ysgafn*) Deg yn nos yn Awstralia.

ARIC: Gwell peidio. Be' fasa'n fam i'n ddeud?

BRIAN: Siŵr basa hi'm yn gwrthod gadael iti ga'l un bach. 'Do'dd 'na'm diwrnod yn mynd heibio nag o'dd 'na wydriad o win coch yn gwlychu'i thafod... neu'r *palate* ddyliwn ddeud! Ti'n siŵr na chymi di'm un... bach?

ARIC: Berffaith.

BRIAN: Hynny sy' ora' debyg achos ti'n edrach i mi fel dyn 'dŵr ar 'i ben' – un sy'n mynnu 'i ddifetha fo. 'R unig beth ddylia rhywun roi ar ben wisgi ydy wisgi arall, fel fydda i'n neud. Ond dyna fo, mi fasa'n fyd diflas ar diawl 'sa pawb 'r un fath.

Mae Brian yn hanner cynnig llwncdestun. Nid yw Aric yn ymateb i'r cynnig.

BRIAN: I... (*Codi ei ysgwyddau*) Wel...

Mae'n methu gorffen ei frawddeg, yn gwenu'n anghyfforddus ac yn rhoi clec i'r wisgi mawr ar ei ben cyn mynd i ail-lenwi ei wydr. Nid yw Aric yn sylwi bo'r wisgi'n peri llosg mewnol i Brian.

BRIAN: (*Yn ysgafn*) 'Being drunk is hell; getting drunk is heaven!' Fawr o bwrpas i wydr gwag a mi gadwith yr annwyd rhag...

ARIC: (*Ar ei draws*) Be' ddigwyddodd?!

Mae'r cwestiwn yn llonyddu Brian wrth i'r ddau syllu ar ei gilydd.

Rhewi Aric. Dadrewi Hera.

HERA: (*Wrth Brian*) 'Na'r unig beth fydd e moyn wbod. 'Ma'i gyfle mowr e, t'wel. Mor gynted â bydd 'i dra'd e dros y stepen drws 'na bydd e'n gwmws fel ci 'da blydi asgwrn. Gei di byth mo'i wared e!

Rhewi Hera. Dadrewi Aric.

BRIAN: (*Yn ei anwybyddu*) 'Stedda.

ARIC: Well gen i sefyll.

BRIAN: (*Yn nodi'r tebygrwydd*) 'Na ryfedd. A finna'. 'N enwedig ar ôl taith hir mewn car – tueddu i ga'l cramp ym moch 'y nhin. 'R un chwith. Fyddi di'n ca'l cramp ym moch dy din ar ôl taith hir? 'Sdim rhaid iddi fod yr un chwith.

ARIC: Na.

BRIAN:	(*Yn siomedig*) O... taw deud. A finna', mwya' gwirion, dan yr argraff bod pawb ar ôl taith hir mewn car yn ca'l... w'st ti...

Mae Brian yn sylweddoli gwacter ei sgwrsio. Eiliad o embaras.

BRIAN:	Sawl awr o daith o'dd hi?
ARIC:	Tair.
BRIAN:	Traffig yn medru bod yn drwm ar benwythnos, hyd 'n oed yn gaea'.

Saib o chwithdod.

BRIAN:	Be' ti'n 'neud?
ARIC:	(*Yn camddeall*) Be' dwi'n 'neud'?
BRIAN:	Be' 'di dy waith di?
ARIC:	Synnu bod gynnoch chi ddiddordeb.
BRIAN:	(*Gwenu*) Ti yma, 'dwi'n treio cynnal sgwrs, felly meddwl 'swn i'n magu diddordeb.
ARIC:	Cerdded.
BRIAN:	Rhoi un droed o flaen y llall?
ARIC:	Rhywbeth felly.
BRIAN:	Wyddwn i ddim bod cerdded yn 'waith'! Ond mae'n egluro pam 'dwi wastod 'di blino, 'dwi 'di bod yn gweithio ers 'dwi'n ddwyflwydd oed! (*Dim ymateb gan Aric*) A lle fyddi di'n 'cerdded'?

ARIC: Mynyddoedd.

BRIAN: *(Yn deall)* Mynyddoedd. Arwain, debyg... fel bugail.
                 Sicrhau bo'r praidd yn saff.

ARIC: *(Gyda phwyslais)* Hawdd mynd ar goll heb neb i'w
                 ddilyn.

BRIAN: Ia, yndi. Dipyn o gyfrifoldeb.

ARIC: *(Yn ystyrlawn)* 'Sgin rhai ohonan ni ddim ofn hynny.

Mae Brian yn ceisio osgoi'r ergydion dan yr wyneb.

BRIAN: Wedi 'crwydro'r byd o'i led a'i hyd', debyg?

ARIC: Do.

BRIAN: Difaru na faswn i wedi crwydro mwy pan o'n i'n
                 'fengach, gweld a phrofi mwy o'r gwyrth 'ma sydd dan
                 'yn traed ni. Pa mor uchel ti 'di bod?

ARIC: Ugain mil.

BRIAN: Chwe gwaith yn uwch na'r Wyddfa? Lle am ddau gap,
                 tri phâr o sana' a dau drôns... ac un ohonyn nhw'n
                 frown!

Mae ei ymdrech lipa i ysgafnu'r awyrgylch yn disgyn ar dir caregog.

BRIAN: Liciwn i fynd i ben mynydd uchel, uwchben y cymyla'.
                 Siŵr 'i fod o'n brofiad unigryw, sefyll ar y copa, yn
                 edrach lawr ar fywyd yn mynd yn 'i flaen. Rhoi bywyd
                 mewn rhyw berspectif gwahanol, gwneud i ni
                 sylweddoli pa mor uffernol o ddi-nod ydan ni fel

unigolion a gwneud iti gwestiynu be' 'di pwrpas pawb a phopeth.

ARIC: (*Yn ystyrlawn*) Yndi. Mae o.

BRIAN: Wyddost ti be' fydda i'n fwynhau neud? Ar noson glir, mi fydda i'n mynd i ganol cefn gwlad – dim gola' i'w weld yn nunlle, dywyll fel bol buwch – eistedd lawr ac edrych i fyny ar flanced o sêr, pob un yn wincio fel 'sa gynnyn nhw rhyw gyfrinach i ddeud 'tha i. A mi fydda i'n dod o'no'n gofyn yr un cwestiwn bob tro, 'O's 'na rywun arall allan yn fan'na? Ydy o'n debyg i mi?' Fyddi di'n gofyn hynny weithia', Aric?

ARIC: Bob dydd, ers deg mlynedd ar hugain.

Dadrewi Stela a Hera. Mae'r cyplau'n cyfarch eu partneriaid ar draws ei gilydd, yn llifeiriol.

STELA: Pwy o'dd y llais arall ar y ffôn?

HERA: Bydd e moyn gwybod pwy odw i, y llais ar y ffôn.

STELA: Cariad? Partner? Gwraig?

ARIC: 'Dwi'm yn gwybod.

STELA: Ody 'ddi'n gwybod rhywbeth 'boetu ti?

HERA: Moyn gwybod pwy odw i, rhywun wy 'rioed 'di cwrdda.

STELA: Ody 'ddi'n hapus bo ti 'di cwrdda fe?

HERA: Rhywun wy ddim ishie cwrdda.

ARIC:	'Dwi'm yn gwybod.
HERA:	Rhywun fydd yn stopo'r ddawns ola'.
STELA:	'Na'th e'm sôn dim am...
ARIC:	'Dwi'm yn gwybod, Stela! (*Edrych ar Brian*) Dim ond un peth o'n i isho'i wybod.

Rhewi Hera a Stela.

Ceir ymdeimlad cyffredinol bod Brian yn addysgu Aric. Fel tad.

BRIAN:	(*Ar draws*) 'Sgin ti lygad dda, Aric?
ARIC:	Llygad dda?
BRIAN:	Am gelf, am grefft, am lun?
ARIC:	Ddim yn arbennig.
BRIAN:	Celfyddyd sy'n deffro'r enaid. Ti'n 'yn siomi i.
ARIC:	(*Yn sarhaus*) Sori.
BRIAN:	'M isio iti ymddiheuro. Cyn belled ag y gwela i mae'r rhan fwya' o bobol yn cerdded o gwmpas yn ddall, ddwy lygad ar gau – ddim yn gwerthfawrogi'r petha' gorau mewn bywyd. Wyt ti'n un o'r rheini? 'Ta wyt ti'n un bach sensitif, yn gweld y cwbwl... a 'falla' ar adegau'n gweld mwy na sy' angen, gweld petha' sydd ddim yn bod.
ARIC:	Mi fydda i'n dewis 'r hyn 'dwi ishio'i weld.
BRIAN:	(*Wedi ei oglais*) 'Dewis' – gair mawr y ganrif, e? Pawb

bellach ishio cael y cyfle i 'ddewis'. Dim byd o'i le ar hynny, wrth gwrs, ond y trueni mawr dyddia' yma ydy bod pobol yn methu dewis pan maen nhw'n cael dewis – cenhedlaeth y dili-dalio, methu gneud penderfyniada'.

Saib. Mae'r adlais yn cyffwrdd Aric cyn i Brian gyfeirio at y llun 'La Primera Cena'.

BRIAN: Ti 'di sylwi ar hwn, debyg?

ARIC: Do.

BRIAN: Hoff lun i. *La Primera Cena* – *Y Swper Cyntaf* – gwaith... (*yn cywiro*)... campwaith Dafne Elvira. Gwledd i'r llygaid, ti'm yn meddwl?

Dim ymateb gan Aric.

BRIAN: Deud rhywbeth. 'Dwi'n sylweddoli 'does na'm lluniau'n tyfu ar lwybrau'r Andes a'r Himalayas ond siawns bod gin ti farn, hyd yn oed os wyt ti'n un sy'n 'dewis yr hyn 'dwi ishio'i weld'? Wel?

ARIC: (*Rhywbeth i'w ddweud*) Cyffredin.

BRIAN: 'Cyffredin'?

ARIC: Trwy'n llygaid i.

BRIAN: Wyt ti'n siŵr bo'r ddwy ohonyn nhw ar agor? A cofia bod angen dwy lygad wrth edrych ar lun – un i weld, a'r llall i deimlo. (*Cyfeirio at y llun*) Ty'd yn nes... ty'd... Rwan deud 'tha i, be' ti'n weld?

ARIC: Mae o'n debyg i lun da Vinci... o'r 'Swper Olaf'.

BRIAN: Ond 'blaw 'i fod o'n efelychiad o'r 'Swper Olaf'?

ARIC: (Adleisio'n sarhaus) Mae'n amlwg 'mod i'n cerdded o gwmpas yn ddall.

BRIAN: Y dynion, Aric. Weli i di nhw? Y dynion yn y cefndir... yn gwrando, clustfeinio fel petaen nhw isio bod rownd y bwrdd ond 'does dim lle iddyn nhw, dim croeso. Pobol ar yr ymylon, pawb 'di cefnu 'nyn nhw. (Yn pwyntio at y dynion bach yn y llun) Ti'n 'u gweld nhw?

ARIC: Yndw.

Yn y canlynol mae'n amlwg bod Brian yn cyfeirio at y ddamwain.

BRIAN: 'Na ni, ti'n gweld, ti ddim mor ddall ag o't ti'n feddwl! Ma' modd agor rheina! (Llygaid Aric) Weithia', Aric, mae'n rhaid iti gau dy lygaid i'r pictiwr mawr a sylwi ar y manwl. Gweld heibio'r amlwg. Ond nid pawb sy'n medru, nac yn fodlon, gwneud hynny. Mae hwnna'n lun da am 'i fod o'n lun cyflawn – pob lliw, pob golau, cysgod, pob ôl brwsh yn 'i le. Dim byd gwaeth na llun anghyflawn, fel petai'r artist wedi rhoi gorau i gredu yn 'i neges, yr awen wedi diflannu... neu 'i fod o'n gwrthod wynebu'r gwir ar y canfas. Yn y manwl mae'r gwirionedd, Aric. 'Art is the lie that enables us to see the truth'. Nid fi. Picasso.

Saib. Mae Brian yn mynd i arllwys diod arall i'w hunan gan roi cyfle i Aric syllu'n fanwl ar y llun.

BRIAN: Petaet ti'n cael dewis un ddawn arbennig, be' fydda hi?

ARIC: 'Dwn 'im.

BRIAN:	(*Cyfeirio at y llun*) Arlunio fasa f'un i. Cyfle i ryddhau'r dychymyg. Cyfle i rywun ddarganfod 'i hun tra'n ymgolli'n 'i hun 'r un pryd. Fel nest ti, Aric, pan benderfynist fynd i gerdded. (*Yn cynnig llwncdestun*) I ryddid y mynyddoedd! (*Yn yfed*)
ARIC:	(*Yn syml*) Be' ddigwyddodd?

Mae Brian yn syllu ar Aric cyn mynd i ail-lenwi ei wydr.

Dadrewi Stela.

STELA:	O'dd e'n clywed ond ddim yn gwrando.
ARIC:	Fel petai o'n fyddar. O ddewis. Ro'dd o'n ormod o lwfrgi i edrych ym myw'n llygaid i ac ateb un cwestiwn syml.
STELA:	Alle hi ddim 'di bod yn hawdd 'ddo fe.
ARIC:	(*Yn sarhaus*) A ti'n meddwl bod hi'n hawdd i mi, Stela?

Rhewi Stela.

BRIAN:	Wyt ti'n dad?
ARIC:	(*Gwrthod ateb*) Pam 'dach chi'n gofyn?
BRIAN:	(*Yn gryfach*) Wyt ti'n dad?
ARIC:	Nac'dw.
BRIAN:	T' ishio bod yn un?

Nid yw Aric yn ateb.

BRIAN: Rheswm 'dwi'n gofyn ydi tydi pawb ddim. Yn enwedig dyddia' yma. Gyrfa, arian, tŷ ha' dramor sy'n bwysig heddiw. Plant yn ormod o aberth... (*yn adleisio*) o 'gyfrifoldeb'.

Mae Brian yn ymbwyllo cyn edrych ym myw llygaid Aric.

BRIAN: Ma' gen i blentyn. Hogyn. Wedi tyfu'n ddyn, gadael y nyth bellach. Ond t' ishio clywed cyfrinach? 'Do'n i ddim isio fo.

Mae Aric yn ymateb i'r cyfaddefiad annisgwyl a chreulon.

BRIAN: (*Egluro*) 'Nes i 'rioed ddychmygu 'n hun yn dad. Nosweithia' di-gwsg, sychu tina' drewllyd, ogla' chwd, heb sôn am golli blynyddo'dd o ryddid. 'I fam o o'dd isio plant. A nid un, ond tri ne' bedwar! Hynny o'n i'm yn ddallt. Ond ar ôl trafod, a dadla', gytunish yn diwedd i ga'l un. (*Gwenu wrth atgofio*) Ro'dd y naw mis hwnnw'n sioc uffernol i'r sustem, fel 'taswn i mewn ffantasi afreal, rhyw fyd hud – dosbarthiada' 'prenatal' a'r llofft gefn yn raddol lenwi, yn dyst bod rhywbeth o bwys, rhyw wyrth ar fin digwydd. A 'mhen hir a hwyr mi gyrhaeddodd, yn un lwmp pinc, pythefnos yn gynnar, am dri yn bore. Tydi rhywun ddim yn sylweddoli pa mor aeddfed ydy o tan mae o'n cael plentyn. (*Llowcio'i ddiod*) Wyt ti'n gwbod i bwy o'dd o'n debyg, Aric?

ARIC: Dim syniad.

BRIAN: Wnei di byth ddyfalu. Neb llai, sicr neb mwy, na... (*yn gyfrinachol yn ei glust*) Winston Churchill. (*Mae'n chwyddo'i fochau*) Ond 'do'dd hynny ddim yn syndod i mi o gwbwl achos cyn belled ag y gwela i rho di sigâr yng ngheg babi 'chydig oria' oed – efo llygaid bach,

bocha' wics – a ma' bob un yn debyg iddo! A 'do'dd
'yn hogyn i ddim gwahanol. Anghofia 'Lloyd George
was my father'! Winston! Blydi! Churchill!

*Mae'n mynd i binshio bochau Aric yn chwareus ond mae hwnnw'n ei rwystro.
Nid yw Aric yn mynd i adael i'r sgwrs ymlacio ac mae Brian yn cydnabod
hynny.*

BRIAN: O'n i yno 'fyd, yn dyst i gyflafan y geni! Gafael yn 'i
                   llaw, gwrando ar 'i rhegfeydd, ymddiheuro ar 'i rhan
                   cyn imi ei dderbyn mewn blanced, edrych arno a'i
                   gusanu ar 'i dalcen, yn union fel y gwnes i am bedair
                   mlynedd cynta'i fywyd, bob nos cyn 'ddo fynd i gysgu.
                   'Do'n i'm yn gwbod tan yr eiliad honno ei bod hi'n
                   bosib caru rhywun cymaint. Mi'r o'dd o'n fyd hud. O'r
                   eiliad honno mi'r o'n i ishio bod yn dad. Yn dad da. Ac
                   am gyfnod, Aric, mi ro'n i.

ARIC: *(Yn rhethregol, sarhaus)* O'ch chi?

BRIAN: *(Gyda phwyslais)* Yn un cariadus. *(Adleisio)* 'Cyfrifol'.

ARIC: Digon hawdd bod yn dad cyfrifol, dros dro.

*Am eiliad, mae Brian yn cael ei frifo ond yn rheoli ei emosiwn mewnol, cyn
cael atgof sy'n peri pryder.*

BRIAN: Deud 'tha i, 'nethoch chi chwarae 'Hympti Dympti'?

ARIC: 'Chi'?

BRIAN: Ti a dy... 'dad'. D' osod di ar ben wal, deud wrthat ti
                   neidio a mae o'n dy ddal di. O'ch chi'n chwarae'r gêm
                   honno, Aric? Gosod, neidio, dal, gosod, neidio, dal?

ARIC: Weithia'.

BRIAN: 'Na'th o dy ddal di?

ARIC: Bob tro.

BRIAN: (*Gyda syndod*) Bob tro?

ARIC: Do.

Mae hyn yn gymysgedd o ryddhad a siom i Brian.

BRIAN: Unwaith chwaraeish i'r gêm. Mi gododd fi i ben wal
                uchel, mor uchel ag y medra fo, agor ei freichia' a
                deud 'tha i neidio. A mi neidish, mi neidish i'w
                freichiau agored... yn syth i'r llawr, concrid. A dyna lle'r
                o'n i – mewn dagra', mewn poen – yn disgwyl iddo
                'mestyn i 'nghodi i ond 'r unig beth na'th o o'dd rhoi
                un llaw dynn rownd 'y ngwddf a deud, 'Paid byth â
                thrystio neb, dim hyd yn oed dy dad!' Dorrish 'y
                mraich diwrnod hwnnw ac, er gwaetha'i dagrau hi, mi
                wrthododd fynd â fi i'r 'sbyty am ddeuddeg awr. 'Er
                mwyn dysgu gwers iti... (*yn sibrwd yn ei glust*)... bas-
                tad!'

Er mewn sioc mae Aric yn amddiffynnol.

ARIC: Nid y dyn yna o'dd 'y 'nhad i.

BRIAN: (*Eiliad, yna gwên eironig, awgrymog*) Ac e'lla', Aric, mai
                dim hwnnw o'dd 'y nhad inna', 'chwaith?

*Eiliad arwyddocaol wrth i Aric ystyried yr awgrym, cyn i Brian fynd i baratoi
dau wisgi.*

Dadrewi Stela.

STELA: Storïe, un ar ôl y llall.

ARIC:	Osgoi'r gwir, taflu llwch i lygaid.
STELA:	Mae o'n un sy'n meddwl.
ARIC:	Amdano'i hun.
STELA:	Ac yn unig. Meddyliwr unig ydy o.
ARIC:	Tydi o ddim yn un o dy gleifion di, Stela.
STELA:	Dyna maen nhw'n neud. Siarad mewn paragraffau ac anecdotau. Cydnabod y llun mawr cyn gweld mawredd yn y manwl.

Rhewi Stela.

BRIAN:	(*Yn parodïo*) Unig wisgi, wisgi unig. Dyna'r hen ddywediad. Cym un bach. *(Wedi arllwys gwydriad eisoes)*
ARIC:	Well gen i beidio.

Mae Brian yn gosod gwydr wisgi Aric ar y bwrdd.

BRIAN:	(*Yn sarhaus*) 'G ofn iti deimlo'n 'gymdeithasol'. Ne' rhag ofn y byddi 'i angen o.

Mae Aric yn ymwybodol o'r awch dan yr wyneb. Mae Brian yn cyfeirio eto at y llun La Primera Cena.

BRIAN:	Wyt ti'n credu, Aric?
ARIC:	Mewn be'?
BRIAN:	(*Yn gwenu*) Ia, reit dda, mewn be'? 'Sgin ti ffydd mewn rhywbeth... rhywun?

ARIC: Fel pwy?

BRIAN: 'Dwn 'im. Chdi dy hun, e'lla'?

ARIC: Anffyddiwr.

BRIAN: (*Gyda syndod*) Anffyddiwr?

ARIC: Balch.

BRIAN: (*Eiliad, yna'n gyffrous*) A finna'. A finna'!

ARIC: (*Yn sur*) Gynnon ni rhywbeth yn gyffredin.

BRIAN: Edrach yn debyg! 'Dwi'n gwyro'n ysbrydol tuag at
            Fwdhaeth ond yn ffeindio hi'n anodd dilyn crefydd
            sy'n gymaint o baradocs – un sy'n pregethu
            cymedroldeb tra'n addoli'r dyn tew yn y gongol!
            (*Yna'n sur*) Siŵr bod dy 'dad' wrth 'i fodd efo'r ffaith
            bod ti'n anffyddiwr a fynta'n ddyn mor dduwiol,
            barchus. Arfer bod yn flaenor yn capel.

ARIC: Hyd y diwedd.

BRIAN: O'dd o wir? Rhyfeddol. A be' sy'n fwy rhyfeddol fyth
            ydy 'i fod o 'di magu anffyddiwr.

ARIC: 'Do'dd o'm yn gwybod.

BRIAN: Wnest ti 'rioed ddeud?!

ARIC: 'Na'th o 'rioed ofyn.

Mae Brian yn edrych ar Aric cyn dechrau chwerthin yn afreolus.

BRIAN: 'Na'th o 'rioed ofyn a nest ti 'rioed ddeud! Aaaa... Aric!

Aric ddiniwed, ond call! Call iawn! (*Suro'n sydyn*) 'Sa hi'm yn talu pechu Mr Cyril Ellis OBE... (*atgof byw*)... dim tra bo belt rownd 'i ganol, un efo bwcwl arian, a dim tra bo 'na dwll dan grisia', tywyllwch, clo a llygod mawr!

ARIC: Am bwy uffar 'dach chi'n sôn?

BRIAN: Dy dad, 'te, pwy arall? Hwnnw o'dd yn dy ddal ar ôl iti neidio o ben wal, hwnnw a'th i'w fedd ddim yn gwbod bod ti'n anffyddiwr! Dim bod y ffaith bod ti'n ddidduw yn d'arwain ar dy ben i uffern dyddia' yma. Credu'n y blydi bwrdd 'ma'n ddigon i dy gael i'r nefoedd... petai 'na nefoedd yn bod, wrth gwrs. Crefydd, Aric. Math o wallgofrwydd, gwallgofrwydd sy'n cael 'i dderbyn gan gymdeithas. 'Sa'r byd 'ma'n lle hapusach o beth uffar hebddo fo. Cristnogaeth a chyd-grefyddau eraill wedi creu ac achosi mwy o ladd, dioddefaint a dinistr nag unrhyw un peth arall. (*Gwenu*) Ond 'tasat ti yn credu mewn rhyw fath o 'dduw' ti'n gwbod be' fasa'r ffordd ora' o'i neud o chwerthin?

ARIC: Dim syniad.

BRIAN: Mi ddeuda' i 'that ti. Ca'l cynllun. Dyna sy'n goglais y duwiau. Ca'l cynllun er mwyn cael cyfle i'w ddifetha, ei ddinistrio'n dipia' mân.

ARIC: A rwan 'dwi fod i ofyn os o'dd gynnoch chi 'gynllun', ydw i?

BRIAN: Ti'n siarp! Parchu rhywun sydd un cam ar y blaen i mi! Ca'l swydd saff, gwraig dda, plentyn... dyna o'dd y cynllun. Wedyn gweld y plentyn hwnnw'n tyfu, cropian (*gyda phwyslais*) cerdded, rhedeg gydag osgo unigryw, un faswn i'n 'i nabod, yn perthyn i mi ac i mi'n unig. (*Yn dynwared*) 'O's rywun 'di deud 'that ti 'rioed bod chdi'n cerdded fel dy dad? A ma' gin ti 'i lygaid o 'fyd, a'i drwyn, a'i glustia' – diawl, ti'r un sbut â fo, 'chan!' (*Yn drist, sur*) Duwiau'n 'u dagra' heddiw, cymaint y ffycin chwerthin. (*Yn llowcio'i ddiod*)

Saib byr.

ARIC: (*Yn gryfach na'r tro olaf*) Be' ddigwyddodd?

Mae Brian yn edrych trwy'r ffenestr gyda'i gefn at Aric.

Rhewi Aric. Dadrewi Hera.

HERA: (*Yn dynwared*) 'Be' ddigwyddodd?! Be' ddigwyddodd?' Fel blydi tiwn gron! Y ci 'da'r asgwrn, mynd 'mla'n a 'mla'n a 'mla'n, diflasu rhywun hyd syrffed! Ti'n gwbod shwt i ga'l gwared o' fe, on'd 'yt ti? Gwed 'tho fe beth ddigwyddodd – gwed 'tho fe shwt o'dd pethe, shwt ma' pethe a shwt bydd pethe!

BRIAN: Amser.

HERA: (*Gwên drist*) Pan fydd y miwsig 'mla'n – 'yn cân ni – ni'n mynd i ddawnso, Brian, dawnso tan doriad gwawr, gwmws fel o'n ni'n arfer neud.

Rhewi Hera. Dadrewi Aric.

BRIAN: Gwraig? Partner? Sengl?

ARIC: Partner.

BRIAN: Be' ma' hi... neu o... yn 'i neud?

ARIC: Nyrs. (*Eiliad, yna*) Hi.

BRIAN:		(*Yn ysgafn*) Mi droist dy droed ar garreg yn yr Andes a mi ro'dd hi'n digwydd bod wrth law i helpu.

ARIC:		Nyrs seiciatryddol. Cyfarfod trwy'i gwaith.

Mae Brian yn cael ei lorio am ennyd gan yr awgrym cyn ceisio ysgafnu'r ffaith.

BRIAN:		Nyrs a seiciatrydd! Cyfuniad difyr. Neidio i'r gwely efo chdi'r noson gynta' ac wedyn dadansoddi 'pam'!

ARIC:		Mi achubodd hi 'mywyd i.

BRIAN:		Felly ga' i awgrymu bo ti ddim yn 'i phriodi. Thâl hi ddim byw efo dynes ti mewn dyled iddi – mi ei trwy fywyd yn colli pob blydi dadl!

Dim ymateb gan Aric.

BRIAN:		Ond, ar 'r ochor bositif, mi fydd gin ti rywun i edrach ar d'ôl di'n dy henaint.

ARIC:		Fydd dim angen neb i edrach ar f'ôl i. Wedi arfer edrach ar ôl 'yn hunan. Gorfod.

Mae Brian yn ymwybodol o'r ergyd ysgafn ond yn dewis ei hanwybyddu.

BRIAN:		Wastod wedi meddwl am nyrsio fel proffesiwn nobl. Pan o'dd 'y nhaid druan ar 'i wely angau yn 'sbyty, nyrsus yn tendio arno, ro'dd o'n gredinol 'i fod o eisoes wedi gweld angylion. ''Does 'na'm nefoedd ac uffern ar ôl fan'ma, 'sti, Brian, dim giatia' aur a hen gyfeillion i 'nghroesawu fi. Yr unig angylion ydy'r rhain ar y ddaear 'ma.' Mi ro'dd o'n llygaid 'i le. Ti 'di gneud dewis da.

ARIC:		Mi ddeuda i wrthi.

Saib byr.

ARIC: 'Dach chi'n briod?

BRIAN: (*Gwên)* Partner. Fel titha'.

Mae Aric yn falch nad oes ganddo lysfam.

ARIC: Partner.

BRIAN: (*Yn sarhaus)* Paid â swnio'n rhy siomedig! 'Hera' – enw
                   anghyffredin i ddynes anghyffredin – un fedar agor
                   tun efo'i thafod ond 'dan ni'n deall 'yn gilydd! Mi
                   wnes i ofyn iddi 'mhriodi i unwaith, mewn eiliad o
                   wendid – meddwl mai hynny o'dd hi ishio ar y pryd ac
                   ofn 'i cholli hi. Fawr o awydd marw'n unig. Fawr o
                   awydd priodi, 'chwaith. Ar ôl ffys a ffwdan y Diwrnod
                   Mowr, mish mêl ym Mharis, be' sy' ar ôl? Darn o bapur
                   a dynes sy'n mynd yn hyllach bob dydd, a hynny hyd
                   'i hanal olaf! (*Gwên)* Mi ddeudish i hynny wrthi a mi
                   wenodd. Hera a finna'n edrach i'r un cyfeiriad. Aros yn
                   sengl, yn rhydd, ca'l ffrind – dyna sy'n bwysig. 'Sna'm
                   rhaid prynu buwch i'w godro hi! (*Saib)* Ti'n siŵr nei
                   di'm eistedd?

ARIC: 'Dwi'n iawn.

BRIAN: Wastod groeso iti o gwmpas y bwrdd 'ma. Ti yn gwbod
                   hynny, 'twyt?

Mae Brian yn osgoi edrychiad negyddol Aric cyn anwesu graen y bwrdd bwyd.

BRIAN: Be' ti'n feddwl o hwn? Edrach yn well efo cadeiria'
                   llawn, cofia.

ARIC: Bwrdd 'di bwrdd.

51

BRIAN:	Ti'n meddwl hynny?
ARIC:	Yndw.
BRIAN:	Llygaid 'na wedi cau eto, ydyn nhw? (*Yn ceryddu*) Nid bwrdd cyffredin mo hwn! Hwn yn fwrdd arbennig. Anrheg priodas, ond nid hynny sy'n 'i neud o'n sbeshial. (*Rhwbio'r bwrdd*) Teimla'r graen.

Mae Aric yn gosod ei law ar y bwrdd.

BRIAN:	Croen natur 'di hwnna, 'li. Wedi ei lunio a'i saernïo gan ddwylo'n hen hen daid o ochor 'yn fam – 'Idwal Pritchard'. Ac os edrychi di'n fanwl yn fan'ma (*ar ochr y bwrdd*) mi weli di 'i enw fo, wedi'i naddu'n grefftus gan gyllell boced. 'Drycha, 'drycha be' mae o'n ddeud!
ARIC:	'Idwal A. Pritchard'.
BRIAN:	Idwal. 'Aric'. Pritchard.

Mae Aric yn rhedeg ei fys dros yr enw gan brofi eiliad o berthyn.

BRIAN:	Pwy 'sa'n meddwl bod rhywbeth mor uffernol o syml a di-lun â bwrdd yn cymaint rhan o fywyd rhywun? Dyma lle ma' pobol yn cyfarfod, gwahanu... caru, casáu... ffraeo, cymodi... bwyta, yfed, byw... marw! Ma' unigolion, gwledydd, teyrnasoedd wedi eu creu a'u dinistrio o gwmpas un o'r rhain. Ac wrth eistedd wrth fwrdd, ma' rhywun yn darganfod yn union pwy ydy o. (*Yn awgrymog*) Ambell un, Aric, wedi'i genhedlu ar fwrdd.

Mae Brian yn cynnig gwydr wisgi Aric iddo ond mae'n ei wrthod, er siom i Brian.

BRIAN: Cheith hwn byth 'i werthu. Fy mab i fydd pia' hwn ar f'ôl i. Ac wedyn, gyda gobaith, 'i blentyn o.

Saib byr. Ceir eiliad gyfrinachol rhwng y ddau.

ARIC: Be' 'naethoch chi?

Mae Brian fel petai'n cael fflachiadau o atgof.

BRIAN: Be' wnes i? Ddysgish rywun i reidio beic unwaith. Dyna wnes i.

Dadrewi Hera.

HERA: Bwysig bo ti'n dangos 'ddo fe, dangos a dysgu. 'Na beth yw dy waith di! Ne' 'na beth o'dd e!

Rhewi Hera.

BRIAN: (*Atgof anodd*) Diwrnod 'Dolig. 'R ôl cinio, mewn parc. 'Do'n i ddim yn athro da – deud gwir, o'n i'n athro diawledig. Ma'n rhaid cymryd pwyll, eistedd ar dy ddwylo, wrth ddysgu rhywun reidio beic ond, am ryw reswm, ro'n i'n fyr f'amynedd p'nawn hwnnw – sprowts yn galed yn y canol, e'lla', neu'r grefi ddim cweit yn iawn.

Mae Brian yn gwthio'r beic i gyfeiriad Aric, sydd yn gadael i'r beic ddisgyn ar lawr.

BRIAN: Ond ro'dd o'n mynnu, mynnu disgyn oddi ar 'i feic! 'Be' uffar ti'n neud, hogyn, e? Be' sy'n bod 'nat ti? 'S na'm byd haws na reidio beic! Mi fedar bob blydi twpsyn neud hynny!'

ARIC: (*Yn ailfyw'r profiad*) 'Ro'dd o'n gneud 'i ora'.

BRIAN:	'Codi cywilydd ar rywun! 'Drycha! Plant pawb arall yn medru reidio beic! Rwan côd y beic 'na! Ti'n 'nghlywed i? Côd o!'
ARIC:	'I ben-glin o'n brifo, yn gwaedu.
BRIAN:	'Anghofia dy ben-glin! Rwan côd o! Côd o!'

Mae Aric yn gafael yn y beic bach ac yn ei godi.

BRIAN:	'A 'stedda 'no fo, 'stedda a pedla!'

Mae Aric yn syllu ar y beic gydag ofn yn ei lygaid.

ARIC:	Ro'dd o'n methu cadw'i falans.
BRIAN:	'Pedla ddeudish i!'
ARIC:	Fedra fo ddim!
BRIAN:	'Pedla! Gynt!'
ARIC:	'Ddisgynodd eto!
BRIAN:	'Ffor ffyc sêcs! Be' ti'n neud?'
ARIC:	'Do'dd o'm yn medru!
BRIAN:	'Wrth gwrs y ffycin medri di!'
ARIC:	A mi ddechreuodd grio.
BRIAN:	'Rho gora' grio! Rho gora' i blydi grio ddeudish i!'
ARIC:	'D o'dd o 'rioed 'di gweld ei dad fel hyn o'r blaen.

BRIAN:	(*Wrth bobol ddychmygol*) 'Dach chi isio ffycin llun 'ta be'?'
ARIC:	Ro'dd o isio mynd adra'! (*Mae'n gweiddi'n ngwyneb Brian*) Mynd adra'! At 'i fam!
BRIAN:	Mi ofynnodd rhywun 'tha i unwaith be' ydy diffiniad 'ffrind da'. Ti'n gwbod be' ddeudish i? Rhywun sy'n fodlon cario 'meic i ar ôl ca'l pynctiar.
ARIC:	Mi gafodd sawl pynctiar.
BRIAN:	(*Troi ato*) Ond ches i 'rioed gyfle i gario'i feic o.

Rhewi Brian. Dadrewi Stela.

ARIC:	Ro'n i'n teimlo fel 'tawn i'n ca'l 'y nhynnu trwy fangl o emosiynau.
STELA:	Yn ddarn o bwti'n ei ddwylo.
ARIC:	(*Yn wan*) Pam o'n i'n dal i'w gasáu o?
STELA:	Ma' ca'l d'adael yn math o frad. Y peth rhesymegol yw gollwng poen y gorffennol ond y greddfol yw dal gafel 'no fe a gwrthod anghofio.

Mae Aric yn tynnu llythyr yn ofalus o'i boced.

STELA:	Beth yw hwnna?
ARIC:	Llythyr. Iddo fo.
STELA:	Gadwest ti fe'r holl flynydde hyn?
ARIC:	Yn yr atic. Mewn hen dun bisgedi.

STELA: A wedest ti ddim 'tho i ?

ARIC: Ddim yn meddwl 'i fod o'n bwysig.

STELA: Darllen o.

Rhewi Stela. Dadrewi Brian.

ARIC: 'Dwi'm yn meddwl y...

BRIAN: (*Yn uchel*) Darllen o!

ARIC: Annwyl... dad... Liciwn i'ch gweld chi unwaith eto. Lle
                          'dach chi? Be' 'dach chi'n neud? Ydach chi dal yn fyw?
                          Mi fydda i'n ddyn cyn hir, efo cariad a job, ond neb i
                          rannu 'mhrofiada' a llwyddianna'. 'Dwi'n 'ych casáu chi
                          am 'ngadael i ond yn 'ych caru am roi bywyd i mi. Os
                          gwela i chi eto 'dwn 'im be' wna i – 'ych cusanu, 'ta'ch
                          dyrnu. Dyrnu, debyg. Be' ma' nhw'n neud lle 'dach chi
                          - cusanu 'ta dyrnu? Cofion, Aric.

Mae Aric yn gosod y llythyr ar y bwrdd.

BRIAN: (*Yn sarhaus*) Swnio fel dy lythyr cariad cynta'! Faint
                          o'dd d'oed di? Naw? Deg?

ARIC: (*Cywilydd ysgafn*) Pymtheg.

BRIAN: (*Yn ôl-gyfeirio*) Llythyru ddim yn 'ddawn amlwg'.

ARIC: Dyna pam nesh i'm 'i anfon o.

BRIAN: Wnest ti'm llwyddo i ddarllen 'yn rhai i, debyg?

Mae Aric yn syllu arno'n ddirmygus.

BRIAN:	Y 'sgrifen traed brain – mam wastad yn deud mai doctor ddyliwn i 'di bod! (*Ei atgoffa*) A'r cardia' post? 'Ddim yn cael amser da, ddim yn cael amser gwael, ddim yn cael amser o gwbwl, wedi colli'n watsh!' A llunia' o 'Blue Beach' 'Red Beach' a'r llyffant bach hwnnw – y *coqui*? O't ti'n gwbod bod hwnnw'n gwbwl unigryw i...
ARIC:	(*Ar draws*) Pam 'dach chi'n deud celwydd?!
BRIAN:	Celwydd am be'?
ARIC:	Ches i 'rioed gardyn gynnoch chi!
BRIAN:	(*Ddim yn deall*) Wel, do!
ARIC:	'R un gair!
BRIAN:	Pob blwyddyn! Pen-blwydd, 'Dolig, Pasg!

Mae Aric yn ysgwyd ei ben wrth i Brian sylweddoli'r gwir.

BRIAN:	Llythyrau?
ARIC:	Dderbynish i ddim! Dim!

Saib byr wrth i Brian sylweddoli beth ddigwyddodd.

BRIAN:	(*Yn dawel*) Ond... ond mi addawodd i mi! (*Yn gryf*) Mi addawodd y basa fo'n 'u rhoi nhw iti. Dyna'r amod! Dyna'r addewid!
ARIC:	Os deud celwydd o leia' 'i ddeud o'n dda!
BRIAN:	(*Yn gryf, amddiffynnol*) 'Na'th o addo i mi y basa fo'n 'u rhoi nhw iti! Mae'n rhaid iti 'nghoelio i, Aric!

	(*Ochenaid*) Ond dyliwn wybod yn well – yr unig dro ro'dd o'n deud celwydd o'dd pan o'dd o'n agor 'i geg!

Saib.

BRIAN:	Ro'dd o 'ngasáu i 'rioed. 'Do'n i'm yn deall pam ac ro'dd gen i ofn mentro gofyn. 'Hogyn dy fam' o'n i, nid hogyn 'y nhad. Cofio'n ddeuddeg oed, dod adra' o'r ysgol a rhoi adroddiad diwedd tymor yn 'i law o. Cynta'n y dosbarth, ceiliog pen doman, o'n i'n meddwl basa fo'n falch, ond na, wnaeth o'm hyd 'yn oed trafferthu i' ddarllen o, 'm ond 'i rwygo. 'Ddaw na'm byd ohonat ti... (*Yn sibrwd*) bas-tad!'
ARIC:	'Dach chi'n sôn am 'y nhad i.
BRIAN:	'Dwi'n sôn am fastad creulon, sadistaidd.
ARIC:	'Nhad i!
BRIAN:	Un fasa'n carchar heddiw am neud ffashiwn beth ac mi faswn yn 'i roi o yno 'fory nesa' 'tasa'r ffycar yn fyw!
ARIC:	(*Yn dawel, amddiffynnol*) Mi roiodd o... a hi... fagwraeth dda i mi. E'lla' mai chi gafodd y teitl, ond fo gafodd y gwaith!

Saib. Mae'r ddau'n syllu ar ei gilydd, yn rhannu eiliad.

BRIAN:	Sut ffeindist di fi?
ARIC:	Byd bychan.
BRIAN:	Un sy'n prysur mynd yn llai.

ARIC:	Mi ddeffrish un diwrnod a ffendio 'mywyd mewn drôr – drôr dillad isa'n fam.
BRIAN:	(*Yn ceisio ysgafnhau*) Drôr y cyfrinachau.
ARIC:	O'n i'n chwilio am rywbeth.
BRIAN:	(*Wedi ei oglais*) Lle mae merched yn cadw'u holl ddirgelion o lygaid pawb.
ARIC:	Llythyr.
BRIAN:	(*Yn anwybyddu*) Modrwya', breichleda', clustdlysa'.
ARIC:	Llythyr efo atebion, yn y gongol bellaf un, wedi melynu.
BRIAN:	Mam yn cadw pob dim.
ARIC:	(*Yn gryfach*) Lluniau, a darnau o bapura' newydd, wedi'u torri'n dwt.
BRIAN:	(*Yn amddiffynol*) Dyliat ti'm coelio be' sy' mewn papura' newydd, maen nhw'n llawn celwydd a...
ARIC:	Am ddamwain car, achos llys.
BRIAN:	'Sgin papura' newydd ddim diddordeb mewn ffeithia'!
ARIC:	(*Yn gryf*) Am ddyn na'th dreio lladd 'i deulu cyfan.
BRIAN:	'Na'th o'm treio lladd neb.
ARIC:	Ond llwyddo 'm ond i ladd 'i wraig!

BRIAN: Na'th o'm llwyddo i ladd...

ARIC: Ac achub ei fab.

BRIAN: (*Yn uchel*) 'Na'th o'm treio na llwyddo i ladd neb! Ti'n
                'nghlywed i? Neb!

Saib. Mae'r ddau'n edrych ar ei gilydd fel petaent ar groesffordd. Ymdawelu.
Mae Brian yn gwingo mewn poen wrth yfed ei wisgi.

ARIC: 'Do'n i'm yn gwybod os o'ch chi'n fyw.

BRIAN: (*Codi'i ddwylo*) Ac yn iach. Fel cneuan.

ARIC: Allech chi o leia' fod wedi gadael imi wybod hynny!

BRIAN: (*Ei atgoffa*) O'n i'n meddwl bod ti yn gwbod!

ARIC: (*Saib*)Lle ddiflanoch chi?

BRIAN: Oes ots?

ARIC: Oes.

BRIAN: Digon pell. Mor bell ag y gallwn i.

ARIC: Dramor?

BRIAN: Vieques. Rhy fychan i fod ar fap. Ynys fechan yn y
                Caribi, lle mae paradwys ac uffern yn cyfarfod. Llawn
                o *Vietnam vets* yn 'u *bandanas* – yn yfed, cymryd
                cyffuria', dengid o'r gorffennol, yn gorfod byw efo'u
                cywilydd a'u cydwybod.

Mae Aric yn sylweddoli mai amdano'i hun mae Brian yn sôn.

BRIAN:	Fan'no ddysgish sut i eistedd wrth far a pheidio edrych ar neb ym myw ei lygaid... a chysgu'n sŵn sgrechfeydd. (*Llowcio'i ddiod*) Dyna lle'r es i.
ARIC:	Pam rhedeg i ffwr'?
BRIAN:	'Doedd aros ddim yn opsiwn.

Saib byr wrth i Brian fynd i ail-lenwi ei wydr wisgi.

ARIC:	'Sgynnoch chi syniad, unrhyw syniad sut deimlad ydy bod yn bedair oed, deffro'n bora a ffendio bod 'ych arwr wedi mynd? Ro'n i'n teimlo fel pâr o 'sgidia newydd, rhai gafodd 'u taflu achos 'doeddan nhw ddim cweit yn ffitio. Pob 'Dolig, am flynyddoedd, 'r unig beth o'n i ishio gan Santa o'dd chi i gerdded trwy'r drws.
BRIAN:	Ac wyt ti'n meddwl 'mod i ddim 'di dychmygu'n hun yn cerdded trwy'r drws hwnnw, a hynny bob dydd? (*Saib. Atgof*) Wrth y drws ffrynt gwelish i o ddiwetha'. 'Yn hogyn i. Dyna lle'r o'dd o, yn y ffenest llofft, dagrau'n powlio.
ARIC:	'Lle ma' dad yn mynd?'
BRIAN:	Mi ofynnish, grefish 'nyn nhw roi eiliad imi ddeud ffarwel 'tho fo.
ARIC:	'Ar 'i holides'.
BRIAN:	(*Mae'n ystumio'i ddwy law mewn cyffion*) Fedrwn i'm hyd 'n oed codi'n llaw.
ARIC:	(*Yn sur*) Ar 'i holides, (*yn adleisio*) a ddo'th o ddim yn ôl! Mi anghofiodd am 'yr hogyn'!

BRIAN: (*Yn amddiffynol*) O'n i yn cofio! Fo o'dd yn mynnu 'mod i'n 'anghofio'! Fo a nhw! Y bancar, y barnwr a'r menyg gwynion! (*Saib*) Wyt ti'n gwbod sut deimlad ydy cerdded ar stryd a pawb – teulu, ffrindia', dieithriaid – yn croesi i d'osgoi di? Ac wedyn dy rieni dy hun yn trefnu, trefnu bo ti'm ffit i fagu dy fab? (*Yn cyfaddef*) Pan ti'n gorfod edrach ar y byd trwy waelod potel i dreio neud sens o betha', buan ar diawl ma' bwrdd pawb yn llawn. (*Yn pwysleisio*) 'Nesh i ddim 'i adael o am 'mod i'n 'i gasáu o; mi adewish am 'mod i'n 'i garu.

Saib.

ARIC: Mae o'n cofio'r diwrnod.

BRIAN: (*Yn obeithiol*) Ydy o?

ARIC: Priodas Anti Ann.

BRIAN: Dyna lle'r o'dd o, yn ei grys gwyn, trowsus du a'i ddici-bo.

ARIC: Ca'l lot o sylw. Hen wraig yn poeri ar hances ac yn sychu'i geg.

BRIAN: Tair oed.

ARIC: Byrddau crwn. Cawr 'ma'n rhedeg ar 'i ôl o, dwylo fel rhawia', yn treio'i ddal.

BRIAN: 'Hoi! Ti! Diawl bach! Ty'd yma!'

Dadrewi Stela a Hera.

HERA:	Ond o'dd e ddim yn galler 'i ddala fe – ro'dd y crwt lot rhy gyflym a chyfrwys 'ddo fe.
BRIAN:	'Fedri di'm dengid o'wrtha' i!'
HERA:	O'dd e'n ffaelu ca'l gafel 'no fe o ryw fodfedd ne' ddou bob tro, fynte'n sgrechen i ddathlu'i gamp. A'th e dan y ford i gwato a 'na ble'r o'dd dwy droed fowr yn cerdded ymboetu yn gofyn...
BRIAN:	'Lle mae o? O's rywun 'di weld o? Rhaid 'i fod yma'n rhwla!'
HERA:	A'th e rownd a rownd y ford, yn gynt a chynt, cyn i'r traed stopo'n sydyn, lliain y ford yn ca'l ei godi a 'na ble'r o'dd y wyneb bach yn syllu, yn hapus bo fe 'di ca'l 'i ddala.
BRIAN:	'A! Fan'ma ti'n cuddiad, diawl bach!'
HERA:	Cyn i law fowr 'mestyn ato a gafel ynddo a'i godi i fyny wrth 'ddo fe wherthin a sgrechen, wherthin a sgrechen bob yn ail, a'r wherthin a'r sgrechen hwnnw'n gariad ar 'i ffurf pura' posib.

Rhewi Hera a Stela.

Mae rhyw eiliad dawel, gofiadwy'n digwydd rhwng yr oedolyn a'r plentyn wrth iddynt syllu i lygaid ei gilydd.

BRIAN:	A mi anwesodd o, cyn edrach ym myw ei lygaid, ei wên yn diflannu.
ARIC:	'Do'dd dim angen geiria' achos 'doedd dim i'w ddweud, cyn iddo 'mestyn ei ddwylo rownd ei wddf, gwasgu'n dynn a gosod ei ben ar 'i 'sgwydda' cadarn.

BRIAN: Mi roish gusan ar 'i dalcen... (*mae'n cusanu ei dalcen*)... rhedeg fy mysedd trwy 'i wallt cyn...

Yn sydyn, mae Aric yn gwthio Brian i ffwrdd.

ARIC: (*Yn uchel, rhwystredig*) Ro'dd hi'n fam dda!

BRIAN: (*Yn dawel*) O'dd hi, Aric? Yn 'fam dda'?

Saib byr wrth i'r ddau ymbwyllo a rheoli eu hemosiynau mewnol.

BRIAN: Ro'dd gin i ryw deimlad ers sbel. Arwyddion ystrydebol – gwisgo'n dwtiach i fynd i'r gwaith, ca'l trin 'i gwallt yn amlach, twtsh mwy o ogla *scent* ar goler 'i blows... heb anghofio'r 'cur pen' clasurol. 'Falla dyliwn i fod wedi gofyn cwestiyna', awgrymu'n gynnil ond, na, mi benderfynish anwybyddu. E'lla taw creu meddylia' o'n i – 'do'n 'na ddim byd o'i le, dychmygu o'n i. (*Saib*) O'n i newydd gael dyrchafiad yn gwaith, jest cyn y toriada'. Yn 'y llaw i o'dd y fwyell. Gadair fawr ddim yn siwtio pawb. Yn ddyddiol bron, dros wythnosa', o'n i'n gorfod deud wrth gydweithwyr, rhai'n gyfeillion agos, bod dim gwaith iddyn nhw bellach. Chwalu dyfodol, bywyda' pobol mewn brawddeg. Ro'dd un newydd briodi, wraig o'n disgwl y plentyn cynta', ac ar ôl iddo dorri lawr 'r ochor arall i'r ddesg a 'mygwth i'n gorfforol mi benderfynish ddengid o'r swyddfa, neidio i'r car a jest gyrru. A dyna pryd welish i hi... nhw... wrth y gola' traffig coch, yn chwerthin, cusanu. Fy ngwraig a... (*Pwy bynnag*) Gola' coch hir uffernol o'dd hwnnw. Mi aethon nhw'n 'u blaena', ond mi arhosish i yno – trw' sawl gola' coch – yng nghanol sŵn cyrn, rhegfeydd, cnocio ffenast bygythiol ac ogla' chwd ar y *dashboard*.

Clywir sŵn corn car hir, uchel, cyn iddo stopio'n ddisymwth.

Mae Aric wedi ei barlysu ac mae Brian yn sylwi ar hyn.

BRIAN: Sonish i'm byd. Yn hytrach, mi ddechreuish feio'n hun – dyna sy'n digwydd i ddyn pan mae o'n rhoi blaenoriaeth i'w waith, bod yn ddall i'w gofynion, anghenion. *(Yn llygaid Aric)* O'n i'n 'i charu hi, 'i charu hi. A dyna ti'n neud pan ti mewn cariad – ti'n cau dy lygaid a ti'n cau dy geg! Yr anfantais mwya' o fod yn ddyn. 'Dan ni ddim i fod i ddangos teimlada' – 'dan ni fod 'u cuddio nhw, sythu'r cefn a hynny heb owns o emosiwn.

ARIC: *(Yn dawel)* Be' wnaethoch chi?

BRIAN: Be' o'n i fod i neud? Gofyn iddi gonffesu a'i cholli hi? 'Ta rhoi digon o raff i'r ddau gan obeithio basan nhw'n crogi'i gilydd?

ARIC: 'Sach chi wedi medru cerdded o'no.

BRIAN: *(Yn nodio)* 'Taswn i'n hun. Ond 'do'n i ddim yn hun. Mi ro'dd o'n bedair oed a 'ngwaith i, nyletswydd i o'dd 'i warchod o.

ARIC: Galla hi fod wedi'i warchod o.

BRIAN: Na.

ARIC: Pam?

BRIAN: Achos bod hynny'n amhosib.

ARIC: Amhosib am 'i fod o'n mynnu mai...

BRIAN: *(Yn uwch, derfynol)* Am 'i bod hi ddim isio *fo*!

Saib.

ARIC: (*Yn dawel, anghrediniol*) Hi...?

BRIAN: Damwain o'dd o.

ARIC: 'Damwain'?

BRIAN: 'I gair hi.

ARIC: Ond...

BRIAN: Mi ddeudish gelwydd 'thot ti! Hi o'dd ddim isio plant! Hi! A fo o'dd isio tri neu bedwar! Hi gytunodd i gael 'dim ond un'!

ARIC: Pam y celwydd?

BRIAN: 'Dwi'm isio i ti 'i chasáu hi!

ARIC: A be' mae'r 'ddamwain' fod i wneud rwan, ei charu hi?

Ni all Brian ateb.

ARIC: Ydw i fod i goelio'r 'celwydd'?

BRIAN: (*Yn ei lygaid*) Wyt, Aric! O'n i'n barod i faddau. Trafod, dod i ddealltwriaeth, gneud i betha' weithio. A mi gytunodd. Am gyfnod.

Saib byr. Mae Aric yn amau mai nid dyna ddiwedd y stori.

ARIC: (*Adleisio*) 'Dwi ishio clywed y stori.

BRIAN: (*Saib*) Esh i mewn, i fyny'r grisia', agor drws y 'stafell wely a dyna lle'r o'dd hi. 'Do'dd hi'n amlwg ddim yn 'y nisgwyl i. 'Do'dd hi'm yn disgwyl neb achos ro'dd gini hi gwmni'n barod, y ffrind gola' coch, hwnnw o'dd wedi bod yn 'y nhŷ i, yn 'y ngwely i, efo 'ngwraig i ers dros flwyddyn. 'Do'n i'm yn gwbod be' i'w ddeud, na'i wneud, felly benderfynish ddeud na gneud dim, jest camu'n ôl, cerdded lawr grisia' a rhedeg allan. (*Gwên drist*) Yr eiliad honno, o'n i'n gwbod yn union sut o'dd Goldilocs yn teimlo.

ARIC: (*Yn benderfynol*) 'Dwi ishio clywed diwedd y stori! Be' ddigwyddodd?

Saib. Mae Brian yn penderfynu bwrw ei fol wrth Aric.

BRIAN: 'Do'dd y diwrnod hwnnw ddim yn iawn o'r cychwyn. Digon naturiol – emosiwn yr achlysur, priodas 'i hunig chwaer. Yn ystod yr addunedu...

HERA: 'A wnei di ei charu, ei chysuro, ei hanrhydeddu a gofalu amdani, a chan wrthod pawb arall...'

BRIAN: 'Fod yn ffyddlon iddo tra byddwch eich dau byw?' Mi driais afael yn 'i llaw. Llaw oer, fel plât arch. 'Do'dd dim cyffwrdd i fod. Welish i brin ddim arni weddill y dydd, pawb yn holi 'Lle mae Merys gen ti?' Mi gafodd 'i gweld yn nhoiledau'r merched – lle gora' i gae'l sgwrs breifat nôl pob sôn. Rhaid bod merched yn mynd yn fyddar pan ma' nhw'n piso. Mi ddo'th ata' i, ddiwedd nos, yn feddw. Grefish arni roi gorau i yfed.

STELA: 'Paid gweud 'tho i beth i ffycin neud!

BRIAN: 'Dim yn fan'ma, 'flaen pawb, Merys!'

STELA: 'Os wy moyn yfed wy'n yfed, reit? A ti sy'n gyrru gatre, Brian, nage fi!'

BRIAN:	A fi yrrodd. Gwynt cry', glaw trwm, amhosib gweld bellach na degllath. Ac wrth nesáu at gongol, dyna pryd dewisiodd hi, dewisiodd hi dorri'r newydd.
ARIC:	Deffro, deffro i sŵn lleisiau'n gweiddi, dadlau.
STELA:	'Wy 'di penderfynu, Brian, mae'r cwbwl, cwbwl drosto.'
BRIAN:	'Merys, plis...'
STELA:	''Dyw hyn ddim yn mynd i weitho!'
BRIAN:	'Dim rwan 'di'r amser i.'
STELA:	'Sa i moyn 'ddo fe ffycin weitho, reit!'
BRIAN:	'Ti 'di bod yn yfed!'
STELA:	'Wedes i 'thot ti bore Nadolig, wy'n mynd i d'adel di!'
BRIAN:	'Nag wyt!'
STELA:	'Pwy ran o'r frawddeg 'na ti ddim yn ddyall, e?'
BRIAN:	'Alli di mo'n gadael ni!'
STELA:	''Wy'n d'adel di, Brian – a 'wy'n mynd â'r crwt 'da fi!'
BRIAN:	'Be'?'
STELA:	'Fi yw 'i fam e.'
BRIAN:	'Ti ddim yn mynd â fo i nunlle!'
STELA:	''I fam e!'

BRIAN: 'Nunlle, ti'n clywed?'

STELA: ''Da'i fam dyle fe fod!'

BRIAN: 'Pwy? Y fam o'dd ddim ishio fo?'

STELA: *(Wedi ei brifo)* 'Beth wedest ti?'

BRIAN: 'Glywist!'

STELA: (*O'i cho'*) 'Beth ffycin wedest ti?'

BRIAN: '*Fi o'dd isio'i gadw fo! 'R unig beth o't ti ishio – 'i fam –
                o'dd ca'l gwared ohono fo!'*

STELA: (*Wedi ei brifo*) '*Y bastard! Bastard! Addawest ti byddet ti
                byth, byth yn... (Yn uchel) Y bastard!*

Clywir sŵn car yn sgidio, sgrechfeydd ingol dyn a dynes.

ARIC: (*Yn cyhuddo*) 'Nethoch chi'm rhoi'ch troed ar y brêc –
                mae o'n deud mewn du a gwyn!

BRIAN: Ddigwyddodd mor sydyn. Nid mai i o'dd o. Ro'dd hi 'di
                meddwi, mi afaelodd hi'n y llyw a...

ARIC: Roeddach chi isio'i lladd hi!

BRIAN: O'dd hi'n wraig i mi.

ARIC: Ac ar fin 'ych gadael chi.

BRIAN: Mam 'y mhlentyn i!

ARIC: Plentyn o'ch chi'n mynd i'w golli!

BRIAN:	Fedrwn i mo'i chyrraedd hi.
ARIC:	'Naethoch chi'm treio'i chyrraedd hi!
BRIAN:	Hi ne' fo! Dyna o'dd y dewis!
ARIC:	Allach chi fod wedi achub y ddau! Dim ond un law o'dd ar y llyw 'na a'ch llaw chi o'dd honno! Chi! Chi a neb…
BRIAN:	(*Ar draws*) 'Dwi'n lofrudd! Ti'n nghlywed i! 'Dwi'n ffycin lofrudd! O'n i'n falch 'i bod hi 'di boddi! O'n i'n falch 'i bod hi'n gorff! O'n i'n falch 'i bod hi allan o 'mywyd i achos o'n i'n 'i chasáu hi, 'i chasáu hi! Ro'dd yr ast yn haeddu marw! (*Dan ei wynt, yn ei ddagrau*) O'dd hi'n haeddu marw!

Saib. Mae Brian yn sychu ei ddagrau.

BRIAN:	Hapus rwan, wyt ti? Dyna pam ddoist di yma, 'de? Dyna o't t'isho'i glywed. Y gwirionedd. Dy wirionedd di, gwirionedd nhw!

Mae Aric yn ymdawelu'n ei gywilydd.

BRIAN:	(*Ailadrodd*) Ro'dd gin i ddewis noson honno. Y naill… neu'r llall. (*Yn sur*) A'r eiliad yma, 'dwi'm yn berffaith siŵr os nesh i'r dewis iawn achos 'dwi'n 'i cholli hi.

Saib. Mae Brian yn wylo.

BRIAN:	Diwrnod cyn yr achos llys mi'r esh i at 'i bedd, a gosod blodau. 'I ffefrynna' hi. Dwshin o rosynnau. (*Ym myw llygaid Aric*) Tydw i ddim yn lofrudd, Aric. Mi fasa llofrudd wedi piso 'nyn nhw.

Saib. Tawelwch wedi'r storm.

BRIAN: Wyt ti'n madda' i mi?

ARIC: (*Yn meddwl, nodio*) Ond 'dwi'm yn siŵr pam.

BRIAN: Be' t'ishio'i neud?

ARIC: Be' 'dach chi ishio neud?

BRIAN: 'R un peth â ti. Cerdded. Dyna 'dwi ishio'i neud. Neu o leia' stopio rhedeg.

ARIC: Oddi wrth 'yn gilydd?

BRIAN: Nid oddi wrth ein gilydd 'dan ni wedi bod yn rhedeg, Aric, ond oddi wrtha' ni'n hunain.

Saib.

ARIC: 'Dach chi'n mynd i fod yn daid.

BRIAN: (*Saib byr. Yn hynod falch*) Yn daid? Fi?

ARIC: Pawb yn haeddu ail gyfle.

BRIAN: Pwy wyt ti, Aric?

ARIC: (*Wrtho'i hunan*) Pwy ydw i? (*Saib byr*) Fi ydy'r garreg yn 'ych hesgid chi.

Mae Aric yn camu i ffwrdd. Mae Brian yn mynd i edrych trwy'r ffenestr.

Dadrewi Aric a Stela. Mae Brian, Hera a Stela yn mynd ati i gwblhau paratoi bwrdd i bedwar.

ARIC: (*Wrth y gynulleidfa*) Stori tad a mab yw stori pawb. Stori am fagu a meithrin, aberth a sialens, colli a phoen... (*yn ciledrych ar Brian*)... cariad? 'Does 'na'm ffashiwn beth â thad na mab perffaith ond mae pawb yn cario oddi mewn pwysigrwydd y berthynas honno. (*Saib*) Nid dyna ddiwedd y stori. Mis yn ddiweddarach mi gefais alwad ffôn annisgwyl, gan Hera. Gwahoddiad i ymuno â nhw o amgylch y bwrdd am swper. Bwrdd i bedwar.

Y bwrdd wedi ei baratoi, mae Brian yn gwahodd pob un yn ei dro i eistedd.

BRIAN: Stela?

Mae Stela'n eistedd.

BRIAN: Hera?

Ar ôl oedi am eiliad mae Hera'n eistedd.

BRIAN: (*Oedi, yna*) Aric?

Mae Aric yn oedi eiliad cyn eistedd am y tro cyntaf wrth y bwrdd a rhoi ei ddwy law arno. Mae Brian yn nodi'r eiliad hon gyda balchder cyn eistedd a chynnig llwncdestun.

BRIAN: (*Adleisio*) I... (*Mae'n methu gorffen y frawddeg*)

ARIC: 'Y Swper Cyntaf'. *La Primera Cena.*

BRIAN: *La Primera Cena.*

ARIC: Am un eiliad, ar ddamwain, mi edrychodd Brian a finna' ar ein gilydd, a sylwais bod llygaid y ddau ohonom yn dweud dau beth.

BRIAN:	'Nid hwn yw fy mab.'
ARIC:	'Nid hwn yw fy nhad.' A phan gerddish i o'i dŷ y diwrnod hwnnw...
BRIAN:	O'n i'n gwybod na fasa fo byth yn ôl.
ARIC:	A baswn i byth yn 'i weld o eto. Bu cwpwl o alwada' ffôn... *(yn adleisio)* pen-blwydd, Pasg, 'Dolig... ond buan y peidiodd y *dyletswydd* hwnnw – ein dau'n ofni'r berthynas newydd, efallai, ac o ganlyniad mi gollish i o'r eildro, a'r tro ola'.

Mae Stela'n mynd i edrych trwy un o'r ffenestri ac mae Brian a Hera yn paratoi i ddawnsio.

ARIC:	Mae pawb yn mynd i'w fedd efo un gyfrinach. Dyna pam chefais i ddim ateb iawn i 'nghwestiwn 'Be' ddigwyddodd?', ddim un cwbl glir – wel, dim byd allwn i brofi. Ar adega', e'lla'i bod hi'n well gofyn a pheidio cael ateb. (*Yn rhethregol*) Neu, wrth gwrs, peidio gofyn o gwbwl?

Mae Aric yn mynd i edrych trwy'r ffenestr, yr un sy'n groes i Stela.

ARIC:	Yr unig beth 'dwi ishio ydy codi'n y bora, edrych ym myw llygaid 'yn hun yn y drych, gofyn 'Pwy ydw i?' a medru ateb. (*Yn gwenu*) Oes. Ma' gan bawb 'i stori. Ond weithia', 'does gan bawb ddim diwedd iddi.

Mae'n pwyso botwm y zapper i roi'r hi-fi ymlaen. Clywir rhan o'r gân 'No Mas Amor (Aqui) gan Willie Nelson ac Alison Krauss. Mae Brian a Hera'n dechrau dawnsio'n osgeiddig i rythm y miwsig.

Golau i lawr yn araf wrth i'r gân orffen.

Rhewi pawb.

Llwyfan tywyll heblaw golau sbot ar y llun La Primera Cena.

Diffoddir y golau'n sydyn.